D1003300

Se poser
les bonnes questions

Catalogage avant publication de Bibliothèque et Archives nationales du Québec et Bibliothèque et Archives Canada

Sarrasin, Nicolas

  Se poser les bonnes questions : 30 questions qui peuvent transformer votre vie

  Comprend des réf. bibliogr.

  ISBN 978-2-89436-287-7

  1. Réalisation de soi. 2. Autoanalyse. 3. Valeurs (Philosophie). I. Titre.

  BF637.S4S27 2011   158.1   C2010-942657-6

Nous reconnaissons l'aide financière du gouvernement du Canada par l'entremise du Programme d'aide au développement de l'édition (PADIÉ) pour nos activités d'édition.

Nous remercions la Société de développement des entreprises culturelles du Québec (SODEC) pour son appui à notre programme de publication.

Infographie de la couverture : Marjorie Patry
Mise en pages : Roseau infographie inc.
Correction et révision linguistique : Amélie Lapierre
Correction d'épreuves : Michèle Blais

Éditeur :   Les Éditions Le Dauphin Blanc inc.
           Complexe Lebourgneuf, bureau 125
           825, boulevard Lebourgneuf
           Québec (Québec) G2J 0B9 CANADA
           Tél. : (418) 845-4045   Téléc. : (418) 845-1933
           Courriel : dauphin@mediom.qc.ca
           Site Web : www.dauphinblanc.com

ISBN : 978-2-89436-287-7

Dépôt légal : 2ᵉ trimestre 2011
              Bibliothèque nationale du Québec
              Bibliothèque nationale du Canada

Imprimé au Canada

Limites de responsabilité
L'auteur et l'éditeur ne revendiquent ni ne garantissent l'exactitude, le caractère applicable et approprié ou l'exhaustivité du contenu de ce programme. Ils déclinent toute responsabilité, expresse ou implicite, quelle qu'elle soit.

Nicolas Sarrasin

Se poser
les bonnes questions

30 questions qui peuvent
transformer votre vie

Le Dauphin Blanc

DU MÊME AUTEUR

La croissance illimitée – Multipliez vos résultats et vivez la vie dont vous rêvez!, Éditions Quebecor, 2008, 211 p.

Qui suis-je ? Redécouvrir son identité, Éditions de l'Homme, 2006, 288 p.

Petit traité antidéprime: 4 saisons dans le bonheur, Éditions de l'Homme, 2005, 364 p.

« La meilleure chose qui soit à propos de l'avenir,
c'est qu'il arrive seulement une journée à la fois. »
— ABRAHAM LINCOLN

« Acceptez la responsabilité de votre vie.
Sachez que vous seul pouvez vous rendre
là où vous le désirez, et personne d'autre. »
— LES BROWN

Table des matières

Comment ce livre peut-il m'aider ?

*B*onjour ! Je vous souhaite la bienvenue dans les pages de ce livre qui – je l'espère de tout cœur – vous aidera à entamer un processus pour améliorer vos relations, votre bien-être, vos résultats, votre vie. Ce livre contient une part importante des découvertes que j'ai faites dans ma poursuite incessante du bonheur. Je suis toujours à l'affût des petites différences, des idées et des stratégies qui, une fois que vous les comprenez bien et que vous les appliquez, améliorent profondément votre quotidien.

Ce livre présente une vérité simple, mais fondamentale : pour vous motiver, vous devez choisir de faire ce que vous désirez le plus. Comment y arriver ? En posant régulièrement des questions qui seront la base de petits gestes qui transformeront votre vie. Au fil des pages, je vous proposerai donc des questions constructives, parfois délicates ou déconcertantes, qui faciliteront la prise de conscience et l'enthousiasme pour aller plus loin à travers les actions concrètes. Des réflexions personnelles et des citations inspirantes émaillent également les pages de ce livre pour vous encourager et vous inspirer davantage dans l'amélioration de votre vie.

Cette série de « bonnes questions » appelle de « bonnes réponses ». Ces réponses vous guideront à travers les meilleures initiatives à prendre pour transformer pour le mieux votre vie. Ainsi, ce livre ne se compose pas seulement de théorie. Les sujets que j'y aborde sont fréquemment accompagnés d'exercices et de tests tandis que d'autres vous proposent davantage de nourrir votre réflexion. J'ai également consulté des experts de plusieurs domaines pour vous livrer les meilleures idées et les stratégies qui ont prouvé leur efficacité.

Qu'est-ce que ce livre vous apportera ?

Les pistes de réflexion et les exercices que je vous propose dans ce livre ont été choisis pour vous permettre, directement et indirectement, d'améliorer les facettes les plus importantes de votre vie. À la fin de chaque partie consacrée à une question fondamentale, je vous fournis des exercices et des sources pour aller plus loin (sites, livres, experts, articles, etc.).

En lien avec chaque sujet ou chaque question que je vous proposerai, je vous suggère de retenir les idées et les stratégies :

* qui s'appliquent le plus à vous ;

* dont vous pouvez vous souvenir facilement ;

* qui apporteront les meilleures améliorations à votre vie ;

* que vous êtes le plus motivé à appliquer.

N'essayez donc pas de mettre en œuvre en même temps tout le contenu que je vous suggère ! Il se peut que certaines stratégies ne conviennent pas à votre personnalité, à vos champs d'intérêt, à la quantité d'énergie disponible, etc. Le plus important consiste à retenir d'abord quelques stratégies d'amélioration à appliquer sans plus attendre.

Parmi les idées que vous ne mettrez pas en œuvre immédiatement, notez celles que vous pourrez revoir à un autre moment. Je vous conseille aussi de parler de vos nouvelles habitudes à toutes les personnes à qui elles pourraient être utiles. **Le fait d'en parler renforcera votre implication personnelle et vous motivera, en plus de donner l'exemple et d'aider les autres à vous imiter !**

Des outils et de la motivation pour réussir !

Mon but n'est pas seulement de vous inspirer, mais de vous motiver à travers les suggestions et les réflexions de ce livre. Puisque je veux vous fournir des outils concrets qui visent les meilleurs résultats possible, voici un conseil : **gardez votre processus d'amélioration ouvert et flexible.** Nous cessons souvent nos efforts parce que nous laissons notre discours intérieur nous culpabiliser de ne pas avoir continué. C'est cela qui nous porte le plus souvent à arrêter et qui nous décourage par la suite. Si vous voyez ce livre comme un processus continu d'amélioration, vous percevrez les échecs et les difficultés comme autant d'étapes positives en faveur de votre mieux-être !

Les idées et les stratégies que je vous propose ont fait leurs preuves auprès d'un grand nombre de personnes. Elles ont bénéficié à d'autres, profitez-en vous aussi ! **Partagez ce livre, les réflexions et les actions qu'il suscite à travers ses questions, faites le don du bonheur et de la motivation à ceux que vous aimez ! Demandez ensuite aux autres de vous dire quelles sont les idées et les stratégies qui leur ont été le plus utiles. Vous pouvez même appliquer les stratégies de ce livre entre amis ou en couple.** Les échanges et le dynamisme qui en résulteront augmenteront mutuellement votre motivation et raffermiront vos relations !

Enfin, si possible, reprenez la lecture de ce livre chaque année. Comme votre vie aura changé et que vous aurez adopté de nouvelles habitudes, le fait d'approfondir chaque année les questions que je vous propose vous aidera à consolider vos acquis et à vous concentrer sur les dimensions que vous aviez négligées par le passé, ce qui augmentera encore vos résultats. Surtout, vous prendrez conscience de tout le chemin que vous aurez parcouru, ce qui sera absolument motivant et gratifiant !

Êtes-vous prêt à commencer ce compte à rebours vers une vie meilleure ?

Est-ce que je cultive les bonnes attitudes ?

« La réussite, c'est obtenir ce que l'on veut.
Le bonheur, c'est apprécier ce que l'on obtient. »
— H. JACKSON BROWN

J'aimerais commencer avec enthousiasme ce livre en vous montrant comment vous pouvez révolutionner certaines de vos manières de penser pour mieux vous réaliser. Je vous présente quatre attitudes caractéristiques des personnes qui se réalisent le plus ! Pensez-y, nous venons tous au monde avec une chance inouïe. Nous avons tant de ressources personnelles que nous pouvons pratiquement tout faire. Cependant, profitons-nous de toutes ces possibilités ? Mesurons-nous vraiment l'ampleur de tout ce que nous pouvons obtenir de la vie ?

Apprivoiser notre existence

Nous n'avons qu'une vie à vivre. Pourquoi alors nous contenter de la banalité et des habitudes ? Pourquoi tolérer de vivre à demi, noyé par le travail, ou de vivre par procuration en rêvant d'être à la place des acteurs au cinéma ? Votre vie peut se comparer à une œuvre d'art fantastique. Si vous n'y travaillez pas, elle ne pourra pas s'améliorer d'elle-même. Voici quatre initiatives à adopter si vous désirez vous inspirer de ceux qui se réalisent le plus :

1.   Concentrez-vous sur ce que vous désirez au lieu de ne penser qu'à ce que vous ne voulez pas.

Les personnes qui façonnent leur vie savent ce qu'elles désirent. Elles possèdent une vision, des objectifs et exploitent pleinement leur potentiel.

Elles savent que les problèmes sont temporaires et, pour cette raison, elles ne restent jamais bloquées longtemps. Elles trouvent toujours de nouvelles solutions. Les personnes qui ne se réalisent pas, de leur côté, ne pensent qu'à éviter les souffrances qu'elles ont déjà vécues. Elles concentrent ainsi leur énergie à *éviter tout ce qu'elles ne veulent pas*. Résultat ? Elles ne prennent pas de risques et n'obtiennent pas non plus ce qu'elles veulent...

> Pour vous réaliser, concentrez-vous sur vos ressources et non pas seulement sur ce qui vous manque.

Si vous visez les étoiles, vous décrocherez peut-être la lune. Si vous ne visez que le plafond, vous ne décrocherez qu'une ampoule... La plupart des personnes qui vivent un quotidien extraordinaire croient en leurs rêves depuis longtemps. Elles se donnent des objectifs qu'elles accompagnent d'actions concrètes. Au contraire, pour ne rien obtenir de la vie, il suffit de penser à tout ce que nous pouvons perdre. Cela limite merveilleusement bien nos rêves, nos choix et nos initiatives.

2. Construisez votre vie au lieu de la subir.

Les personnes qui se réalisent prennent la responsabilité des résultats qu'elles obtiennent. Si elles ne sont pas satisfaites, elles cherchent en elles-mêmes les manières d'améliorer les choses. Elles comptent sur elles-mêmes et n'attendent pas que les autres, les événements, le gouvernement ou la loterie règlent leurs problèmes. Au contraire, les personnes insatisfaites de leur vie ignorent souvent tout ce qu'elles peuvent changer. Elles rejettent la faute sur ce qu'elles ne contrôlent pas et n'exercent pas leur pouvoir sur leur existence. Pire, elles jouent souvent à la victime, ce qui les rend dépendantes de l'attention et de la pitié des autres.

> « Ceux qui manquent de courage ont toujours une philosophie pour le justifier. »
> — Albert Camus

3. Découvrez la différence entre un simple souhait et une véritable décision.

Tout le monde aimerait vivre des choses fantastiques, mais peu de gens semblent vraiment prêts à faire ce qu'il faut pour que cela se produise. Nous nous contentons souvent de formuler des souhaits :

«J'aimerais maigrir», «J'aimerais changer d'emploi», «J'aimerais prendre ma retraite à cinquante ans». Cela dit, nous nous inventons une multitude de raisons pour ne rien faire, et nous n'obtenons rien. Au contraire, les personnes qui se réalisent prennent de véritables décisions. Puisqu'elles assument la responsabilité de leurs résultats, elles continuent d'essayer jusqu'à ce qu'elles aient obtenu ce qu'elles désirent.

> Quelle est la recette du succès ? De bonnes relations, des idées géniales et de la chance, peut-être. Toutefois, ajoutez-y surtout une bonne dose de travail !

4. Soyez ambitieux au lieu de voir la vie en tout petit.

Les personnes qui ne se réalisent pas examinent sans cesse ce qui pourrait les faire échouer. Elles se dérobent, remettent au lendemain et justifient leur inaction. Leurs excuses vont de l'impression de ne pas avoir les qualités requises pour réussir à celle d'être prétentieuses si elles aspirent à davantage qu'un petit pain. De leur côté, les personnes qui se réalisent savent saisir les occasions malgré les obstacles et les difficultés. Elles sont prêtes à faire face aux situations qu'elles désirent vivre. Leurs initiatives portent des fruits parce qu'elles font ce qu'il faut pour réussir: elles aiment apprendre, elles sont créatives, ne remettent rien au lendemain, etc.

> «Ne travaillez jamais que pour l'argent ou le pouvoir, car ils ne sauveront jamais votre âme ni ne vous aideront à dormir la nuit.»
> — Marian Wright Edelman

Comme vous le voyez, si des dimensions de votre vie ne vous satisfont pas, vous pouvez dès aujourd'hui commencer à imiter les personnes qui se réalisent le plus. N'oubliez pas, vous n'avez qu'une vie à vivre !

Un exercice pour nourrir le sens et vous motiver

Il existe deux grandes forces qui dirigent la majorité de nos comportements et se retrouvent à la base de la motivation. Il s'agit de la recherche du plaisir et du désir d'éviter ce qui nous fait souffrir. Ces forces influencent nos choix, nos actes, nos pensées et donc... notre motivation. Et l'un des grands problèmes lorsqu'il s'agit de nous réaliser concerne notre motivation à nous impliquer vraiment !

> L'un des mystères du succès se cache derrière le mot « excellence ».

Pour vous motiver, les actions que vous faites doivent être signifiantes, c'est-à-dire que vous devez avoir une vision *à long terme* des conséquences que vos actions vous apportent (si elles sont constructives ou pas). Voici un exercice qui vous aidera à augmenter le sens et la motivation dans ce que vous faites. Inscrivez un ou deux buts que vous voulez réaliser et qui sont vraiment importants pour vous, par exemple améliorer votre relation amoureuse ou faire plus d'exercice :

1. _____

2. _____

Le confort de ne pas changer : découvrez quels plaisirs et quelles souffrances à court et à long terme vous associez au fait de ne pas changer.

Faites une liste des souffrances que vous associez au fait de réaliser ces buts (vous avez peur d'échouer, par exemple).

_____

_____

_____

Notez quels plaisirs vous apporte le fait de ne pas changer (ce n'est pas forçant, il n'y a pas de mauvaises surprises, etc.).

_____

_____

Les raisons que vous avez notées constituent le sens qui vous retient, qui vous empêche d'avancer.

La satisfaction de changer en mieux : découvrez quels plaisirs vous gagnerez et quelles souffrances vous éliminerez à court et à long terme si vous changez.

Écrivez tout ce qu'il vous en coûtera si vous ne réalisez pas les actions et les objectifs que vous devriez faire (par exemple, honte, absence d'améliorations, etc.).

Écrivez tout ce que les actions et le fait de réaliser vos objectifs positifs vous apporteront dans votre vie (par exemple, fierté, satisfaction, améliorations, etc.).

Des suggestions pour aller plus loin

- A. C. Ping, *Être,* Éditions Le Jour, 2007, 156 p.

- Article sur la base de la motivation et les fondements de la réalisation de soi selon le psychologue Abraham Maslow (http://fr.wikipedia.org/wiki/ Pyramide_des_besoins).

Est-ce que je me connais ?

« La véritable éducation consiste à tirer le meilleur de soi-même. »
— Mahatma Gandhi

Vous connaissez-vous bien ? La réponse à cette question est fondamentale. En effet, la connaissance de soi se situe à la base de toute amélioration personnelle. Elle nourrit votre motivation et votre estime personnelle, elle vous permet de vous réaliser vraiment pour vous-même. Il n'est donc pas surprenant que les personnes les plus authentiques se connaissent bien ! Voici l'anatomie d'une attitude qui vous aidera à vous réaliser pleinement.

« Connais-toi toi-même »

« Connais-toi toi-même » était la maxime personnelle du philosophe Socrate. Elle représente la première étape de toute amélioration personnelle. La connaissance de soi est fondamentale à l'équilibre.

Nous avons commencé à faire connaissance avec nous-mêmes depuis que nous sommes jeunes. En vieillissant, certaines convictions se sont cristallisées à notre sujet. Par contre, nous changeons toute notre vie. Pour cette raison, la connaissance de soi est un processus sans fin ! Pensez à la dernière fois où vous avez accompli une nouvelle activité. Vous ne saviez pas comment vous réagiriez. Vous ne saviez pas non plus si vous alliez réussir…

Une société étourdissante

La société de consommation ne favorise pas l'introspection essentielle à la connaissance de soi. Trop de personnes se fuient elles-mêmes ou s'étourdissent d'activités, ce qui les empêche de se connaître davantage. Il faut aussi voir combien la connaissance de soi n'est pas une simple mode. Elle permet de vivre de manière harmonieuse et elle aide à assumer ses choix.

La connaissance et l'estime de nous-mêmes

Nous connaissons-nous vraiment ? Il y a de fortes chances que nous ayons parfois tiré des conclusions hâtives et négatives à notre sujet, ce qui a eu pour effet de miner notre estime personnelle. Il est important de nous souvenir que nous avons obtenu de nombreux succès, car cela nous montre que nous sommes encore capables de réussir.

Dans le cadre de mon travail dans les organisations, j'ai eu l'occasion à plusieurs reprises d'observer des relations qui ne favorisaient pas l'estime de soi. Par exemple, un chef d'équipe était particulièrement critique envers les autres. Il se voyait supérieur à eux et profitait de toutes les occasions pour les critiquer. Il rabaissait les autres pour se donner de la valeur. Il va sans dire qu'en pareil contexte, certains membres de son équipe tenaient compte de ses commentaires peu constructifs et cela influençait négativement leur manière de se percevoir, ce qui diminuait également leur motivation !

> Souvenez-vous de toutes les étapes à travers lesquelles vous êtes passé ; elles sont source de sagesse et de sérénité.

Malheureusement, nous retenons plus facilement les événements désagréables, comme les échecs et l'humiliation, que nos succès. Et si nous oublions nos réussites, nous risquons de penser que nous ne sommes pas bons à grand-chose. C'est d'ailleurs ce que le psychoéducateur et spécialiste de l'estime de soi Germain Duclos a observé chez plusieurs enfants qui n'arrivaient pas à se remémorer leurs succès passés.

Voici une astuce qui vous aidera à sauvegarder votre estime personnelle lorsque vous apprendrez à vous connaître. Il est normal de vous comparer aux autres pour glaner des informations à votre sujet. Seulement, il faut éviter de vous évaluer *globalement* lorsque vous procédez à ces comparaisons. Vous pouvez vous inspirer des autres, mais restez vous-même ! Il est impossible de devenir quelqu'un d'autre. Aussi bien apprécier la personne la plus importante de votre vie : vous-même ! Si vous ne vous évaluez pas globalement par rapport aux autres, vous garderez votre estime de vous intacte.

Restons authentique !

Dans *Noces*, l'écrivain et philosophe Albert Camus écrit : « […] qu'est-ce que le bonheur sinon le simple accord entre un être et l'existence qu'il mène ? » Cela résume bien la notion d'authenticité. L'authenticité consiste à vivre de manière intègre envers ce que nous sommes.

Si vous prenez le temps de vous connaître, vous choisirez de vivre une vie qui correspond à vos valeurs. Vos valeurs correspondent à ce qui compte vraiment pour vous. Elles vous aident à mieux orienter vos objectifs et vos actions. Lorsque vous vivez dans l'authenticité, vous savez précisément qui vous êtes *par et pour vous-même*.

Ainsi, le fait de porter attention chaque jour aux dimensions positives de vous-même vous aide à forger la vision de qui vous êtes vraiment. Cette attitude vous conduit sur la voie de l'amélioration ! Mieux vous vous connaissez aujourd'hui et plus vous vivrez demain une vie qui vous remplira et qui respectera vraiment qui vous êtes…

> L'amour-propre correspond à la valeur fondamentale que vous vous accordez. Prenez soin de vous, c'est le meilleur moyen de cultiver une vision constructive de vous-même.

SUR QUOI PORTER VOTRE ATTENTION POUR VOUS CONNAÎTRE ?

Voici certaines dimensions à travers lesquelles vous pouvez apprendre à vous connaître. Si vous portez attention à ces dimensions, vous favoriserez la connaissance équilibrée de vous-même :

- Les connaissances sur votre corps.

- Ce que vous connaissez de la manière dont vous réagissez aux événements.

- Vos habitudes et vos goûts.

- Vos aptitudes dans différentes activités.

- Ce que vous connaissez de vos émotions.

- Vos actions, vos décisions et votre vision de la vie.

Un exercice pour mieux vous connaître

La connaissance et l'estime de soi passent par l'intérêt que vous portez aux nombreuses facettes de vous-même : vos paroles, vos actions, vos décisions, etc. La connaissance personnelle est essentielle pour élaborer une vision, des buts et des actions concrètes qui donneront d'excellents résultats. Pour vous aider dans cette direction, répondez aux questions suivantes. N'hésitez pas à écrire longuement tout ce à quoi vous pensez. Cela vous fera découvrir davantage qui vous êtes :

> Saviez-vous que l'estime personnelle provient de l'évaluation de ce que nous connaissons à notre sujet ?

1. Quels sont les traits de ma personnalité (par rapport à mes attitudes, à mes réactions, à mes émotions, à mes relations interpersonnelles, etc.) ?

_____

_____

_____

2. Quelles sont mes valeurs (ce que je considère comme bon et important dans ma vie et dans le monde en général, comme l'honnêteté, la simplicité, la politesse, l'indépendance, l'excellence, la discipline, la créativité, le calme, l'enthousiasme, etc.) ?

_____

_____

_____

3. Pourquoi ces valeurs sont-elles importantes pour moi ? Qu'apportent-elles à ma vie ?

_____

_____

_____

4. Quels sont mes goûts et mes champs d'intérêt (ce que j'aime le plus, ce que je veux, etc.) ?

_____

_____

_____

5. Existe-t-il de nouvelles activités que je pourrais essayer et qui correspondent à mes valeurs et à mes champs d'intérêt ? Lesquelles ? Que m'apporteront ces activités ?

_____

_____

_____

_____

6. Quelles nouvelles aptitudes pourrais-je développer ?

_____

_____

7. En quoi puis-je m'inspirer des autres pour essayer de nouvelles activités, pour développer de nouvelles expertises, etc. ? Quels sont mes modèles ?

_____

_____

8. Existe-t-il de fausses croyances que j'entretiens à mon égard et qui nuisent à mon estime personnelle (« Je ne réussirai pas », par exemple) ? Si oui, écrivez de quelles manières ces croyances vous nuisent et remplacez-les par de nouvelles croyances, positives cette fois.

_____

_____

_____

Après avoir répondu à ces questions en détail, faites lire ces réponses à une personne chère en qui vous avez confiance et qui vous connaît bien. Vous pourrez ainsi discuter des différentes facettes.

Des suggestions pour aller plus loin

- Nicolas Sarrasin, *Qui suis-je ? Redécouvrir son identité*, Éditions de l'Homme, 2006, 288 p.

- Pascale de Lomas, *Dé-com-ple-xez !*, Hachette, 2006, 149 p.

- Patrick Estrade, *Ces souvenirs qui nous gouvernent : les interpréter, les comprendre*, Robert Laffont, 2006, 285 p.

Est-ce que je nourris l'espoir, la force d'aller toujours plus loin ?

« À se cogner la tête contre les murs, il ne vient que des bosses. »
— ALFRED DE MUSSET

I l n'est pas tout de vous connaître et d'adopter les attitudes des personnes qui se réalisent. Dans les pages qui suivent, vous découvrirez pourquoi il est important de chérir l'espoir à propos de tout ce que vous faites. L'espoir et le sens sont tellement importants qu'ils nourrissent votre motivation et même votre désir de vivre. Vous apprendrez ici comment vous doter d'une vision et d'espoirs qui nourriront votre bonheur au quotidien et vous porteront au-delà de vos rêves.

Espoir et sens : la base de la vie

Chaque jour, nous vaquons à nos activités parce que nous leur accordons du sens, nous avons l'espoir d'améliorer notre vie. Le sens de ce que nous faisons joue un rôle crucial dans notre envie de vivre. Le docteur Alex Pattakos est un spécialiste du sens et de l'espoir. Ses travaux s'inspirent de ce que le célèbre psychiatre Viktor Frankl a observé dans les camps de concentration pendant la Seconde Guerre mondiale. Frankl a constaté que ceux qui entretenaient le plus d'espoirs, comme celui de revoir leur famille ou de terminer un projet personnel d'envergure laissé inachevé, survivaient mieux et étaient plus positifs malgré les traitements inhumains que leur faisaient subir les nazis.

> L'espoir est le fils du renouveau et de la naissance.

> « La recherche de sens a été identifiée comme une tendance lourde du XXIe siècle. Cela sous-entend que de plus en plus de personnes recherchent un sens profond à leur existence. »
> — Alex Pattakos

Selon le docteur Pattakos, de plus en plus de personnes recherchent un sens profond à leur existence : « Les gens commencent à réaliser qu'ils ne peuvent pas s'accomplir véritablement seulement à travers l'abondance matérielle et la gratification extérieure », nous dit-il. Plus une personne agit par plaisir et non par recherche d'argent ou de prestige et plus elle sera en santé physiquement. Elle se laissera aussi moins aller à la rumination et aux pensées négatives. Cet effet a été baptisé « *Flow* » en psychologie, ou « expérience optimale ».

La base de la motivation

Comme nous l'avons vu, la vie de tout être humain est dirigée par deux grandes forces. Le désir d'obtenir du plaisir et celui d'éviter la souffrance. Nos actions s'articulent autour de ces grands pôles. Cependant, dans nos sociétés riches, les aspirations dépassent rapidement la seule satisfaction des besoins vitaux. C'est ainsi que le sens et l'espoir entrent en jeu, notamment dans le désir de faire ce qui a le plus d'importance pour nous, ce qui nous permet de nous réaliser.

Toutefois, il n'est pas si facile de nous doter d'une vision qui nous propulse en avant. Une vision se compose du sens et des espoirs qui donnent envie de vivre. Elle peut impliquer l'amour, la famille, le dépassement ou toute autre valeur qui vous tient à cœur. Le fait d'agir

> Ne laissez pas tomber vos rêves. Sortez et donnez-vous à réaliser quelque chose de remarquable !

en accord avec vos valeurs décuple votre motivation. Votre vision est donc la manière dont vous voyez votre vie idéale. Sans vision, vous avancerez, mais beaucoup moins vite, car vous n'aurez pas de raisons particulières de faire une chose plutôt qu'une autre. C'est bien cela, le fameux sens existentiel...

Espoir, bonheur et psychologie positive

Une nouvelle discipline scientifique issue de la psychologie cognitive, la psychologie *positive*, est de plus en plus populaire dans les universités, surtout aux États-Unis. Elle s'intéresse principalement aux gens heureux. L'un des chercheurs qui a beaucoup contribué à l'essor de cette nouvelle discipline, Martin Seligman, s'est particulièrement intéressé à l'optimisme. Espoir et bonheur vont donc de pair, car selon différentes recherches, ceux qui croient en quelque chose qui les dépasse éprouvent plus de bonheur que les autres.

> Le fait de vous donner des buts excitants nourrit votre désir d'en réaliser d'autres !

L'espoir fait vivre

Il semble que l'espoir soit toujours au rendez-vous, même dans les pires conditions. Alex Pattakos a travaillé en 2005 à un programme pour soutenir les travailleurs humanitaires qui allaient en Indonésie à la suite du tsunami qui a balayé les côtes de plusieurs pays d'Asie. À la suite de cette expérience, le docteur Pattakos rapporte que « loin d'avoir éteint l'espoir, le désastre n'a pas été suffisant pour empêcher les survivants d'espérer un avenir positif pour eux-mêmes et pour leur nation ». En d'autres mots, « l'importance de l'espoir leur a permis de transcender l'horreur de leur situation », ajoute-t-il.

Ainsi, plus vous enrichirez le sens de votre vie, plus vous nourrirez des espoirs réalistes, mais ambitieux (sinon, d'où viendrait l'excitation de les réaliser ?), et plus vous vivrez des moments agréables. Vous serez aussi plus résilients par rapport aux épreuves et vous assumerez plus facilement la responsabilité de votre vie.

> Tant que vous persévérez, vous continuez à avancer vers la réalisation complète de vos rêves !

Qu'est-ce qui nous fait perdre espoir ?

- De brusques changements dans notre vie.

- Un manque ou un excès de responsabilités.

- Une absence de stimulations et d'encouragements.

- Trop de stress et de soucis.

- Une déception ou une perte.

- Le fait de mettre la barre trop haut et d'échouer sans nous donner de porte de sortie.

EXERCICE

Réappropriez-vous vos rêves !

Nous pouvons réaliser nos rêves si nous les considérons comme des objectifs réels qui s'accompagnent d'actions concrètes. Nous avions souvent de grands rêves lorsque nous étions jeunes et nous avons laissé au quotidien et aux commentaires négatifs entendus à droite et à gauche le soin de nous les faire oublier. Le manque de vision et d'enthousiasme tient beaucoup dans le fait que nos actions quotidiennes ne nous satisfont pas suffisamment.

> Votre vie peut être extraordinaire si vous vous donnez « la peine » de rêver.

Nous nous sommes éloignés de nos rêves et de ce que nous sommes vraiment. Cet exercice est l'occasion de commencer à vous réapproprier vos rêves, votre vie, bref, tout ce que vous êtes !

Pour réapprendre à rêver, souvenez-vous de tout ce qui est vraiment important pour vous. Ne laissez pas des pensées du type « C'est bien trop ambitieux » ou « Je ne suis pas réaliste » briser vos rêves. Croyez-vous que ceux qui ont réalisé des rêves extraordinaires se sont contentés d'être réalistes ? Pas du tout ! Ils ont cru en leurs rêves et ont fait ce qu'il fallait pour en faire une réalité. Je poursuis moi-même ce processus depuis plus de quinze ans maintenant et je peux vous assurer que cela fonctionne ; un de mes rêves d'ailleurs était de publier ce livre !

Rédigez la liste de vos rêves en sautant une ligne entre chacun d'eux. À côté, précisez si ces rêves sont à court, à moyen ou à long terme. Mettez-les ensuite par ordre d'importance en les numérotant.

Affichez bien en évidence la liste de ces rêves et lisez-la souvent (au moins une fois par semaine), car c'est la conviction que vous pouvez atteindre vos rêves et les actions que vous ferez qui vous permettra de les réaliser.

Des suggestions pour aller plus loin

- Alex Pattakos, *Découvrir un sens à son travail*, Éditions de l'Homme, 2006, 190 p.

- Martin Seligman, *Le bonheur authentique – S'épanouir pour la vie en réalisant son potentiel grâce à la nouvelle psychologie positive*, Ada éditeur, 2005, 341 p.

- Viktor E. Frankl, *Découvrir un sens à sa vie avec la logothérapie*, Éditions de l'Homme, 2006, 144 p.

Est-ce que je me sens responsable de mon succès ?

« Il n'y a personne qui ne soit né sous une mauvaise étoile.
Il n'y a que des gens qui ne savent pas lire le ciel. »
— DALAÏ-LAMA

n pouvoir infini se cache au fond de chacun de vous, mais vous ne savez peut-être pas comment le réveiller. J'aimerais vous aider à le découvrir. Ce pouvoir découle de la responsabilité que vous prenez à réaliser pleinement votre potentiel. Vous pouvez déchaîner dès maintenant les forces qui se cachent en vous !

Prendre la responsabilité de sa vie consiste à choisir d'obtenir les résultats que nous désirons, à devenir « proactifs » en tout et à passer à l'action. Par contre, la « proactivité » ne consiste pas simplement à prendre des initiatives. Elle implique de prendre conscience que nous sommes les seuls à pouvoir apporter les changements que nous désirons vraiment à notre vie.

Les gens responsables et ceux qui ne le sont pas...

Écoutez-vous lorsque vous parlez. Employez-vous des phrases qui vous déresponsabilisent ? « C'est comme cela que je suis, je ne peux rien y faire », « Je n'ai pas une minute à moi : ce sont les événements qui me contrôlent » ou « Si seulement j'étais plus patient et moins émotif… » Utilisez-vous plutôt des formulations qui vous donnent du pouvoir sur votre vie ? « Je peux choisir une approche différente », « Je peux découvrir et choisir des solutions de rechange », etc.

Un exemple extrême de la déresponsabilisation de soi vient d'une nouvelle qui avait fait les manchettes aux États-Unis il y a quelques années. Un homme poursuivait en justice la chaîne McDonald's parce qu'il avait pris beaucoup de poids en mangeant dans ces restaurants et qu'il avait des problèmes de santé. À ce que je sache, les hamburgers et les frites ne se jettent pas seuls dans la bouche des gens, il faut *consentir* à les manger! Or, cet homme agissait comme s'il n'avait aucune responsabilité dans la situation...

En vérité, la majeure partie de ce que nous vivons découle des décisions que nous prenons. Les personnes responsables de leur vie n'accusent pas continuellement les autres ou les circonstances. Leurs actions sont le résultat de choix délibérés qui se fondent sur leurs valeurs et leur désir d'apporter un changement positif. Au contraire, les personnes qui se déresponsabilisent ne font que réagir aux circonstances. Ce ne sont pas leurs décisions qui les dirigent, mais leurs émotions négatives. En d'autres mots, elles refusent le pouvoir qu'elles peuvent avoir sur leur vie.

> Peu importe ce que vous attendez de la vie, vous ne l'obtiendrez que lorsque vous serez en mesure de le recevoir le cœur rempli de gratitude.

Pierre Morency, auteur du livre *Demandez et vous recevrez*, connaît bien cette problématique. Il nous dit: «La réalisation de soi devrait être la priorité de chacun. Malheureusement ou heureusement, la plupart des personnes n'en prennent conscience qu'une fois une catastrophe arrivée. C'est peut-être le meilleur moyen d'apprendre à faire de vraies demandes piquantes.» Ainsi, demander à la vie consiste à prendre la responsabilité de ce que nous obtenons.

Nous sentir victimes et ne rien faire...

Il n'y a aucun doute, certaines choses ne nous satisfont pas. Cela dit, nous en sentons-nous responsables? Rarement. Pourquoi cela? En vieillissant, à force de vivre des déceptions, nous avons fini par croire que nos ressources étaient limitées, que nous devions nous contenter de peu. Rien n'est plus faux!

Lorsque nous perdons confiance en nos capacités et en nos rêves, la frustration s'exprime indirectement dans nos réactions, et ce sont les personnes que nous aimons le plus qui en paient les frais. Agressivité, impatience, plaintes… nous faisons payer aux autres notre choix de ne rien faire.

Imaginez ce qui se passe lorsque vous pensez que vous ne pouvez rien faire. Vous vous sentez peu fier de vous-même et vous refusez d'exercer votre responsabilité. Vous arrêtez de rêver et vous avez l'impression d'être victime de la vie. Aucune amélioration n'est possible si vous ne prenez pas la responsabilité des résultats que vous obtenez. Toutefois, le but n'est pas de vous culpabiliser en prenant la responsabilité des choses que vous ne contrôlez pas. Vous devez plutôt vous concentrer à changer ce sur quoi vous avez du pouvoir.

Un environnement de travail décourageant ?

Que ce soit au travail ou dans votre vie personnelle, certains contextes favorisent la démotivation et la déresponsabilisation de vous-même. Vous trouverez ci-dessous quelques conseils issus de mes expériences auprès des employés dans plusieurs organisations.

Si vos activités ou votre travail impliquent des actions triviales et répétitives, pensez à ce que vous pouvez vraiment changer. Si vous décidez de garder votre emploi (n'oubliez pas que vous décidez de travailler à un endroit plutôt qu'à un autre), orientez vos efforts sur les dimensions que vous contrôlez vraiment. Si vous vous plaignez de votre travail, vous êtes dans la victimisation et cela ne vous apportera que de la colère…

Pour augmenter le sentiment de contrôle, pouvez-vous faire varier certaines tâches ? Pouvez-vous échanger certaines tâches qui vous plaisent moins avec celles d'un collègue à qui elles plaisent davantage ? Pouvez-vous augmenter vos compétences de manière à automatiser certaines activités répétitives ?

Si vous sentez que votre supérieur hiérarchique ne vous laisse pas prendre suffisamment de décisions ni d'initiatives et que vous manquez d'autonomie, vous pouvez lui en parler. Il en va de même de la reconnaissance. Si votre patron ne vous donne pas suffisamment de rétroaction positive par rapport à ce que vous faites, vous pouvez lui en parler. Votre rôle et vos responsabilités ne sont pas clairs ? Demandez des précisions.

Les gens sont souvent surpris d'apprendre tout ce dont ils peuvent parler avec leur patron : tant que vous n'essaierez pas d'aborder un sujet pourtant fondamental, il y a peu de chances que la situation s'améliore d'elle-même. Si ces pistes ne s'adaptent pas à votre milieu de travail, à vous d'en trouver d'autres ! Vous prendrez ainsi la responsabilité de votre plaisir au travail et votre vie entière ne s'en portera que mieux !

Terrasser vos peurs

Les personnes qui réussissent le plus ont ceci en commun qu'elles sont capables de se connaître, de se donner des buts, de se motiver et de persévérer au point de faire face à n'importe quel échec. Statistiquement, ceux qui ont le plus de succès sont aussi ceux qui ont le plus d'échecs, car ce sont ceux qui *essaient* le plus. Il en va exactement de même pour vous !

Nous avons tous tendance à fuir ce qui nous fait peur. Malheureusement, cette « zone de confort » est aussi une formidable limite que nous nous imposons. Vous pouvez prendre dès aujourd'hui la décision de vous dépasser en réalisant des défis, en faisant ce qui vous fait peur, mais qui peut aussi apporter le plus. Vous verrez combien cette attitude est source de confiance et de gratification !

Apprendre et développer votre débrouillardise

La décision de prendre des initiatives ne consiste pas à devenir opportuniste ou agressif. Elle consiste à choisir de concrétiser des résultats positifs dans notre vie. Et lorsque nous exploitons ce potentiel inépuisable, nous pouvons réaliser des milliers de fois plus de choses que ce que nous nous croyions capables d'accomplir auparavant. Ce potentiel vient de notre capacité à apprendre et à régler des problèmes.

Plusieurs personnes n'obtiennent pas de résultats satisfaisants parce qu'elles n'ont pas la patience de chercher. « Où dois-je aller pour trouver les bonnes informations ? » ou « Comment dois-je faire pour régler ce problème ? » Au lieu de dépendre des autres, la débrouillardise consiste à aiguiser votre patience et à répondre par vous-même à ces questions.

> Si vous prenez la responsabilité de développer les talents que vous avez reçus, c'est toute l'humanité qui s'améliorera.

Imaginez-vous dans plusieurs années lorsque vous vous direz : « J'adore ma vie aujourd'hui ! J'en suis responsable grâce à mes décisions et à mes actions passées. » N'avez-vous pas envie que ce que vous vivrez alors corresponde à ce dont vous rêvez ? Si c'est bien le cas, c'est le moment idéal pour commencer dès aujourd'hui à assumer complètement le rôle que vous jouez dans votre existence !

Des pistes pour aller plus loin

Pouvez-vous augmenter le pouvoir que vous avez sur votre vie ? Bien sûr ! Voici une liste d'éléments à retenir si vous désirez commencer dès aujourd'hui à prendre la responsabilité de vos résultats :

1. Évitez de rejeter la faute sur les autres et sur les événements lorsque les choses ne se passent pas comme vous le voulez. À la place, prenez le temps de voir quel rôle vous jouez vraiment dans votre vie.

2. Concentrez essentiellement vos efforts sur ce que vous pouvez changer.

3. Si des critiques constructives peuvent être utiles, évitez de blâmer les autres et voyez plutôt ce que vous pouvez faire pour améliorer une situation. Vous n'avez pas de contrôle sur les autres, mais sur vous-même, oui !

4. À rayer de votre liste, à vie : vous donner des excuses pour ne pas prendre de nouvelles initiatives, écouter vos peurs, laisser les autres et les événements le loisir de choisir à votre place.

5. Vous vous percevez comme une victime chaque fois que vous croyez que vous ne pouvez rien faire et que vous laissez tomber les actions qui pourraient faire toute la différence. La prochaine fois que vous aurez tendance à penser que le monde est injuste, orientez plutôt vos efforts sur ce que vous pouvez faire pour améliorer la situation !

Des suggestions pour aller plus loin

*   Pierre Morency, conférencier et auteur du livre *Demandez et vous recevrez*, Éditions Transcontinental, 2002, 184 p.

*   Stephen R. Covey, *Les 7 habitudes de ceux qui réalisent tout ce qu'ils entreprennent*, Éditions First, 2005, 342 p.

Est-ce que j'atteins les objectifs que je me suis fixés ?

« Le monde appartient aux optimistes,
les pessimistes ne sont que des spectateurs. »
— FRANÇOIS GUIZOT

*C*haque année, vous vous donnez des objectifs à atteindre. Chaque année, vous espérez peut-être que les choses iront différemment, car vos derniers résultats ne vous ont peut-être pas satisfait ? Saviez-vous que la plupart des gens n'arrivent pas à suivre les objectifs qu'ils se donnent ? Existe-t-il des stratégies qui permettent de réaliser avec plus de succès vos objectifs ? Si vous faites partie de ceux qui abandonnent en cours de route, les pages qui suivent devraient vous intéresser ! Je vais vous fournir quelques trucs efficaces pour que vous n'ayez pas à répéter année après année les mêmes bonnes intentions.

Dotez-vous d'abord d'un plan

Lorsque vous voyagez, vous est-il déjà passé par l'esprit de ne pas décider où vous iriez ni quel chemin vous emprunteriez ? Non, évidemment, sinon vous n'iriez nulle part ! C'est pourtant ce que vous faites chaque fois que vous vous donnez un objectif, mais que vous ne déterminez pas clairement les moyens que vous emploierez pour réussir.

> Nous construisons notre vie à partir des choix que nous faisons… et que nous ne faisons pas.

Pour réaliser un objectif, vous devez disposer d'un plan clair et progressif qui vous indique clairement si vous avancez ou non dans la bonne direction. Et n'omettez pas les détails : vous pouvez enrichir votre plan à mesure que vous en apprenez sur votre objectif. Plus votre plan contiendra d'actions concrètes et plus il vous sera facile de réaliser vos objectifs. Trop de personnes sont paralysées parce qu'elles ne voient que l'ampleur de la tâche à accomplir ou elles se sentent confuses parce qu'elles ne savent pas précisément quoi faire. Quelles sont les actions précises nécessaires pour obtenir des résultats ?

La différence entre un projet et les actions concrètes à accomplir

Vous utilisez probablement déjà un plan d'action, mais celui-ci est-il suffisamment précis ? Des actions précises demandent d'avoir des buts clairs et de bonnes raisons de les accomplir. C'est ce qui nourrit la motivation et élimine la procrastination. Votre plan d'action comporte aussi ce que vous devez accomplir à travers l'ordre des étapes pour obtenir un résultat précis. Par exemple, lorsque j'écris un livre comme celui-ci, je dois m'assurer de faire mes lectures et mes recherches avant de rédiger. L'ordre des étapes doit être respecté. Votre plan d'action vous donne ainsi une perspective d'ensemble et de la flexibilité : si certaines actions ne fonctionnent pas, vous pourrez identifier rapidement d'autres possibilités qui fonctionneront mieux.

Voici l'exemple du plan d'action que Pierre rédige pour atteindre son objectif :

Objectif

« Perdre 10 kilos (22 livres) et apprécier le processus à travers lequel mon énergie augmentera à mesure que j'aurai du plaisir à faire de l'exercice et à mieux m'alimenter. »

Intentions enthousiasmantes

« Me sentir mieux dans ma peau, améliorer ma santé et augmenter l'impression de contrôle que j'ai sur ma vie. Augmenter mon degré d'énergie et mon estime de moi-même en plus de me trouver plus beau ! »

Plan d'action

1. Prendre une photo de moi avec mon excédent de poids pour me motiver.

2. Consulter une nutritionniste.

3. Changer mon alimentation.

4. Éliminer de chez moi toute forme de nourriture mauvaise pour la santé.

5. Trouver où faire des exercices et lesquels faire.

6. Établir une plage horaire pour m'exercer trente minutes par jour.

Comme vous le voyez, les intentions de Pierre sont propres à augmenter sa motivation et sa persévérance à atteindre son objectif. Comme lui, vous pouvez créer des plans d'action qui paveront la voie de votre succès !

Mesurez vos résultats !

Oscar Wilde disait que les bonnes intentions sont comme des chèques sans provision. Il avait bien raison ! Nous nous donnons souvent des buts sans véritablement savoir comment nous comptons les réaliser. Ce sont des paroles en l'air... des mensonges que nous adressons à nous-mêmes (et aux autres) ! Peu de temps se passe avant de les oublier et de reprendre notre train-train quotidien...

Comment faisons-nous habituellement pour savoir si nous avons obtenu un résultat ? Nous comparons la situation précédente avec la

> Lorsque vous vous donnez le droit de croire en vous-même, vous cessez le travail du pessimisme qui vous limite.

situation actuelle et nous mesurons la différence. C'est ce qui nous indique si nous avons réussi. Quand vérifiez-vous vraiment que vous atteignez vos objectifs ? Pas très souvent, je parie. Si c'est le cas et que vous ne mesurez vos résultats qu'une fois par année – au Nouvel An, par exemple –, vous ne saurez pas si vous avez fait des progrès. Pas tellement efficace tout ça...

> Le courage permet aux personnes constructives d'échouer et d'apprendre de grandes leçons qui les feront renaître.

Il est donc primordial de vous donner les moyens de réaliser vos objectifs et de vérifier aussi souvent que possible si vous avancez dans la bonne direction.

EXERCICE

Donnez-vous des buts motivants

La manière dont vous formulez vos buts influence aussi votre degré de motivation. Imaginez que le seul but que vous vous donnez dans la vie est de répéter les mêmes actions jour après jour ! Vous risquez de ne pas avoir tellement envie de vous lever le matin... Nous avons tous le droit de rêver. Napoléon Hill, l'un des pionniers de la réalisation personnelle, disait d'ailleurs qu'un but n'est qu'un rêve avec un échéancier.

Pour vous motiver, faites cet exercice qui utilise la même méthode que nous avons vue dans la première question à la page 16. Prenez un objectif qui vous tient à cœur, mais que vous avez de la difficulté à réaliser, comme avec l'exemple de Pierre qui veut se mettre en forme et perdre des kilos. Pour éviter d'interrompre après deux mois l'excellente habitude que vous avez prise en vous inscrivant à un centre sportif, par exemple, pensez d'abord à tous les bénéfices que vous obtiendrez à faire de l'exercice régulièrement. Vous maigrirez, vous vous sentirez mieux dans votre corps, vous préviendrez les maladies cardiovasculaires, etc.

Ensuite, pensez à tout ce que vous perdrez si vous ne réalisez pas votre objectif. Vous garderez vos kilos excédentaires et vous risquerez d'en prendre d'autres, vous vous sentirez coupable d'avoir cessé un exercice que vous saviez salutaire, vous augmenterez les risques de souffrir de maladies graves en vieillissant (diabète, angine, cancer, etc.).

Ce petit exercice a pour but de vous aider à toujours garder en tête les raisons pour lesquelles vous réalisez un objectif. Le fait de prendre conscience des avantages et des inconvénients vous donne des raisons de continuer et vous donne envie de réussir !

> Saviez-vous que seule l'inaction nous fatigue vraiment ? Elle sape notre motivation et notre désir de nous réaliser.

Voici sept conditions essentielles qui vous permettent d'atteindre vos objectifs :

1. **Apprenez à vous connaître.** Si vous ne savez pas qui vous êtes (vos champs d'intérêt, vos valeurs, etc.), vous pouvez difficilement agir en accord avec vous-même. Apprendre à vous connaître nourrit votre authenticité, qui est à son tour source de satisfaction et de motivation.

2. **Donnez-vous de nombreux buts.** Si vous échouez dans l'un de vos objectifs, il est important que vous en ayez d'autres qui prendront le relais. Ainsi, au lieu de sombrer dans la déprime, vos initiatives gagneront le sens des nouveaux objectifs que vous vous donnerez. La capacité de rêver est l'une des plus grandes forces de l'être humain. Cependant, encore faut-il que vos buts soient réalistes. Si vos objectifs sont impossibles à accomplir, il sera bien difficile de vous réaliser.

3. **Passez à l'action !** Sans action, quelque chose de terrible se produit : rien ! L'action fait la différence entre une bonne intention et un résultat, entre un vœu pieux et un succès. Encore faut-il savoir quoi faire ! Ainsi, vous devez détailler le fameux plan dont je parlais tout à l'heure pour savoir *comment* vous réaliserez vos objectifs.

4. **Développez votre curiosité et votre créativité.** Les personnes qui se réalisent le plus sont habituellement celles qui continuent d'apprendre toute leur vie. C'est aussi la créativité qui les aide à corriger leurs erreurs et à trouver des moyens plus efficaces pour atteindre leurs objectifs. Vous pouvez développer votre curiosité et votre créativité. Ce sont deux excellentes habitudes à développer pour quiconque veut se réaliser !

5. **Apprenez de vos erreurs et persévérez.** Lorsqu'un enfant apprend à marcher, il tombe très souvent. Imaginez ce qui se passerait si les enfants, lorsqu'ils trébuchent, décidaient que, finalement, la marche n'en valait pas la peine ! Heureusement, ils persévèrent et finissent par marcher. Cela indique combien la persévérance fait toute la différence. Nous sommes parfois très près du but sans même le savoir. Nous échouons vraiment seulement lorsque nous arrêtons. Il vaut donc la peine de continuer...

6. **Apprenez des autres.** Les personnes que nous côtoyons peuvent nous apprendre sur de nombreux sujets. Et quelle est la beauté de ces connaissances et de ces expériences ? Elles peuvent nous aider à réaliser nos objectifs ! Un proverbe japonais dit que demander ne coûte qu'un instant d'embarras, mais ne pas demander nous embarrasse toute notre vie... Ceux qui se refusent à apprendre des autres, par timidité, par orgueil ou pour toute autre *excellente mauvaise raison*, se condamnent à rester seuls et se coupent de grandes sources d'amélioration personnelle.

7. **Soyez reconnaissant envers la vie pour tout ce dont elle vous gratifie.** Essayez de prendre conscience chaque jour de la chance que vous avez. La reconnaissance vous gardera ouvert envers les autres et envers la vie. Elle fera disparaître votre ressentiment et vous aidera à rester humble, même si vous n'obtenez pas tout de suite les grands succès que vous désirez.

Vivre une vie extraordinaire

> Le plus grand plaisir de la réalisation personnelle vient du processus à travers lequel nous accomplissons nos buts, souvent même plus que les résultats que nous obtenons.

Nous avons tous le droit de vivre une vie extraordinaire. Ceux qui sont nés pour un petit pain sont ceux qui *croient* être nés pour un petit pain ! Il y a plus de 2 000 ans, Socrate disait : « Deviens le maître de toi-même et tu seras le maître de ta destinée. » Il a toujours raison aujourd'hui. Si vous vous permettez de rêver, vous vous donnez le droit de réussir.

Si votre vie actuelle dépend des décisions que vous avez prises par le passé, la vie que vous vivrez dépend de ce que vous faites aujourd'hui. Un proverbe chinois n'affirme-t-il pas que toutes les fleurs de l'avenir se trouvent dans les semences d'aujourd'hui ? Vous vivrez une vie extraordinaire si vous faites le choix d'agir et de vous dépasser, si vous vous donnez des buts constructifs et que vous persévérez à les réaliser. Grâce à l'attention particulière que vous pouvez porter à la réalisation de vos objectifs, vous arriverez à conquérir ce que vous êtes et à en retirer le meilleur. À ce moment, vous vivrez avec la certitude que votre vie est vraiment extraordinaire !

Voici quelques trucs pour vous motiver :

- *Donnez un sens excitant aux actions importantes que vous désirez entreprendre. Comme Pierre, formulez les résultats de manière enthousiasmante en pensant aux conséquences positives que vos actions vous apporteront.*

- *Rayez le mot « échec » de votre vocabulaire et remplacez-le par « apprentissage » !*

- *Vérifiez fréquemment si vous avancez dans la réalisation de vos objectifs. Rien n'est plus motivant que de savoir que vous avancez !*

- *Souvenez-vous de vos succès et oubliez vos échecs (n'oubliez pas, ils ne sont que des apprentissages).*

- *Croyez en vous-même et en vos capacités.*

- *Évitez la procrastination : faites aujourd'hui ce que vous pouvez faire demain.*

EXERCICE

Améliorez ce qui vous insatisfait dans votre vie!

1. Écrivez honnêtement ce qui vous insatisfait le plus dans votre vie personnelle (famille et relations interpersonnelles, santé et apparence physique, finances, etc.) :

_____

_____

_____

_____

_____

_____

_____

2 Écrivez honnêtement ce qui vous insatisfait dans votre vie professionnelle :

_____

_____

_____

_____

_____

_____

_____

_____

3. Que pourriez-vous faire de concret et de réalisable pour réduire l'écart entre les situations insatisfaisantes et celles qui seraient acceptables ? Par exemple, si votre niveau d'endettement vous cause des ulcères d'estomac, vous pouvez faire votre budget, voir comment réduire vos dépenses et commencer à épargner pour tout rembourser.

_____

_____

_____

_____

_____

_____

_____

_____

Cet exercice implique d'être très honnête envers vous-même et il peut être souffrant de faire ainsi la liste de ce que vous n'aimez pas. En effet, nos insatisfactions les plus profondes sont souvent celles que nous nous cachons, que nous ne nous avouons pas à nous-mêmes. Le fait de déterminer vos insatisfactions constitue donc une étape doulou- reuse, mais salvatrice. Prenons un exemple. Bernard s'est acheté il y a quelque temps du matériel d'entraînement physique, mais il ne l'utilise pas. L'une des raisons de cette inaction vient du fait que Bernard, en achetant ce matériel, avait l'intention de faire beaucoup d'exercice, mais il ne s'est jamais donné d'objectifs concrets et n'a rien modifié à son horaire ni à ses habitudes pour réussir.

Cet exemple illustre combien il est important d'accompagner nos intentions et nos désirs d'actions précises et réalistes à faire chaque jour ou chaque semaine (dans l'exemple de Bernard, s'exercer au moins une ou deux fois par semaine). Il vaut mieux commencer par un objectif moins ambitieux, mais qui nous permet de passer à l'action plutôt que de choisir un objectif trop ambitieux dont on retarde sans cesse la réalisation.

Sans cette stratégie, vous goûterez bien plus difficilement aux bienfaits de vos résultats. Chacun de vos objectifs doit être mesurable : vos résultats seront propres à vous motiver et à vous aider à persévérer. Vous devez pouvoir constater facilement votre progression. Plus vous serez actif dans ce que vous faites, plus vous serez passionné, mieux vous vous connaîtrez et plus les autres réagiront à vous positivement et vous proposeront des initiatives intéressantes.

Comment mesurer vos résultats ?

Mesurez-vous le degré de réalisation de chacun de vos objectifs ? Sinon, il est important de vous doter d'un système de mesure pour vous motiver et réussir ! Par exemple, barrez chaque action de votre plan pour savoir clairement ce que vous avez terminé et ce qui vous reste à faire. Assurez-vous aussi chaque semaine de vérifier que vos actions vous font avancer dans la bonne direction. Si ce n'est pas le cas, il ne vous reste qu'à trouver quelles actions entreprendre pour corriger le tir.

Des suggestions pour aller plus loin

- Les livres d'Anthony Robbins et de Stephen Covey (particulièrement utiles pour approfondir le sujet).

Est-ce que je sais dire non?

Vivre à vitesse accélérée ne signifie pas pour
autant que notre vie est riche et agréable.
Il faut savoir nous arrêter...

ela se produit pendant une soirée à laquelle vous n'avez pas envie d'aller ou après avoir accepté de faire une tâche supplémentaire que vous avez de la difficulté à terminer. La capacité à dire non, à se désinvestir d'une situation, est très importante pour ceux qui veulent survivre à la vie trépidante d'aujourd'hui sans vivre au moins un épuisement majeur. C'est le sujet que je vous propose d'approfondir.

Idéalement, nous acceptons les demandes des autres parce que nous en avons vraiment envie. Toutefois, est-ce toujours le cas? Trop souvent, nous disons oui pour ne pas heurter les autres ou pour leur faire plaisir. Par contre, quand nous n'en pouvons plus, que nous sommes au bout du rouleau, nous nous défilons parfois de nos engagements et nous nous sentons coupables. Pour vous réaliser, vous devez vous respecter suffisamment pour savoir dire non lorsque le fait d'accepter peut être problématique.

Dire non, un véritable supplice?

Comment se fait-il qu'un malheureux petit mot de trois lettres nourrisse la conviction que nous sommes aussi détestables? Votre indéfectible disponibilité vous fait-elle procrastiner, vous fait-elle sentir comme un martyr? C'est que le fait d'accepter sans cesse les demandes des autres nous inonde de responsabilités dont nous aurions pu nous passer...

« Oser dire non, c'est affirmer son existence et exposer ses vrais désirs. Pour certains, c'est aussi prendre le risque de ne plus être aimés. Au contraire ! C'est en affirmant clairement ce que l'on est que l'on a le plus de chances d'être aimé », dit Marie Borrel dans son livre *81 façons d'apprendre à dire non !*

> Si vous adoptez l'attitude de la personne qui veut « sauver les autres », peu de temps se passera avant que les autres n'en profitent. Ils iront vous voir d'abord et ignoreront les autres manières de régler leurs problèmes.

Le fait de croire que vous perdez votre valeur personnelle lorsque vous dites non est un des symptômes du désir de plaire à tout prix. Nous avons tendance à vouloir que tout soit parfait. Pourtant, ce n'est pas lorsque nous croulons de fatigue que nous rendons vraiment service aux autres. Pire encore, certaines personnes disent toujours oui, mais elles ne font pas ce qu'elles promettent. Résultat ? En voulant plaire à tout prix, elles déplaisent encore plus !

Apprendre à dire non

Dire non n'est pas techniquement très difficile. C'est tout ce à quoi se rapporte ce petit mot dans nos pensées qui le rend aussi ardu à prononcer. Pour apprendre à dire non, vous devez d'abord identifier la nature des pensées qui y sont associées. Vous dites-vous : « Si je dis non, les autres me discréditeront et ne m'appelleront plus » ou « Je dois toujours dire oui pour que les autres m'apprécient » ? Si tel est le cas, il est probable que ce soit ces pensées fausses et absolues qui vous fassent la vie dure. Pour y remédier, une stratégie consiste à vous demander si vos conclusions sont réalistes et vous rendent vraiment service. Le simple fait de prendre conscience de vos pensées excessives vous aidera à vous en libérer.

Pour vous aider, vous pouvez également vous concentrer davantage sur ce que vous avez déjà entrepris de faire. Cela vous donnera une raison supplémentaire de ne pas vous écarter de vos plans et d'éviter de vous perdre. De plus, lorsqu'une personne vous demande quelque chose, soyez sûr d'avoir bien compris la requête avant de répondre. Si vous dites oui à une demande plus exigeante que prévu, vous vous en mordrez les doigts... Vous pouvez donc attendre un peu avant d'acquiescer. Si vous doutez de pouvoir dire oui pour le moment, il sera toujours temps de vous investir plus tard.

En somme, oser dire non, cela s'apprend. Il est toujours possible de sortir du cercle infernal de la peur et de la culpabilité. Le livre *S'affirmer et oser dire non* de Christel Petitcollin propose aussi des outils simples et efficaces pour y parvenir. Il semble que ce soit toujours les premiers non qui sont les plus difficiles à dire...

> Dire non vous permet de vous concentrer suffisamment sur ce que vous avez à faire pour obtenir des résultats concrets, au lieu de changer de direction sans cesse en acquiesçant à toutes les demandes des autres.

Test • Savez-vous dire non ?

1. *Est-ce que vous redoutez les critiques personnelles et les conflits au point de vouloir les éviter à tout prix ?*

   Oui ou non.

2. *Vous sentez-vous coupable pour un rien ?*

   Oui ou non.

3. *Avez-vous peur que les autres ne vous apprécient pas ou se désintéressent de vous ?*

   Oui ou non.

4. *Faites-vous de vos relations interpersonnelles la dimension la plus importante de votre vie, au point de vous oublier ?*

   Oui ou non.

5. *Devez-vous toujours réussir parfaitement tout ce que vous entreprenez ?*

   Oui ou non.

Si vous avez répondu oui à plusieurs de ces questions, il y a de fortes chances que l'éventualité de dire non à quelqu'un soit pour vous un horrible cauchemar.

Voici sept stratégies pour dire non dans différents contextes :

◆ **JE NE PEUX PAS MAINTENANT, MAIS JE POURRAI PEUT-ÊTRE PLUS TARD.**

Vous pouvez vraiment avoir envie de dire oui, mais ne pas avoir de temps libre. Dans ce cas, vous pouvez offrir votre aide lorsque vous aurez plus de disponibilités. Si les autres ne peuvent pas vous attendre, ils trouveront bien quelqu'un d'autre !

Avantage : cela vous évitera de culpabiliser d'avoir dit non.

Inconvénient : il ne faut pas oublier que vous vous êtes rendu disponible. Si vous dites que vous pouvez plus tard et que vous oubliez, on finira par croire que vous n'avez pas de parole…

◆ **Je n'aime pas faire ce genre de chose, ce genre de travail, par exemple.**

La vie ne se compose pas seulement de peines, que diable ! Si vous n'aimez vraiment pas un certain type de service ou une activité particulière, pourquoi les feriez-vous ? Rien ne sert d'avoir peur de montrer aux autres que vous n'appréciez pas certaines choses, vous en avez pleinement le droit.

> Saviez-vous que nous avons souvent de la difficulté à dire non parce que nous avons peur d'être rejetés ?

◆ **Je me sens mal à l'aise.**

Il se peut aussi que vous vous sentiez mal à l'aise. Il peut s'agir d'une activité qui implique certaines personnes que vous n'aimez pas fréquenter ou qui soulèvent une problématique morale. Vous vous respecterez davantage si vous évitez ce genre de situation.

◆ **J'ai d'autres engagements.**

À moins de disposer du don d'ubiquité qui permet d'être à deux endroits en même temps, vous ne pouvez pas dire oui à tout le monde. Peu importe l'engagement que vous avez déjà pris, qu'il soit important ou pas, vous avez le droit de dire non sans avoir à vous justifier.

◆ **Je dis oui à moi-même !**

Tout le monde a besoin de prendre du temps pour soi. À force de s'oublier, on finit par ne plus exister. Vous avez le droit à un peu d'égoïsme. Vous pouvez même vous réserver un moment particulier à votre agenda.

◆ **Je ne connais pas ce sujet.**

Les gens que vous côtoyez peuvent vous solliciter pour une foule de raisons. Même s'il est utile de vous lancer dans la nouveauté et de faire de nouveaux apprentissages, vous n'êtes pas obligé de dépasser votre seuil de compétence. On pourra trouver une autre personne qui a les compétences ou l'expérience nécessaire.

◆ **Simplement, je dis non.**

Parfois, il est tout à fait correct de dire non, tout simplement. Par contre, dans ce cas, n'oubliez pas de le dire avec courtoisie.

Le minijournal de l'affirmation de soi

Voici une bonne manière d'améliorer votre capacité à dire non (lorsque cela est pertinent, bien entendu ! Le but n'est pas de dire non à tous en tout temps). Procurez-vous un petit calepin et photocopiez ou notez au début du calepin les sept stratégies pour dire non que nous venons de voir.

Ensuite, gardez ce calepin avec vous et notez-y le contexte chaque fois que vous parviendrez à dire non. Précisez aussi le type de stratégie que vous aurez utilisé. Vous obtiendrez ainsi la preuve que vous êtes capable de dire non et vous saurez quelles stratégies vous utilisez le plus facilement. Ce calepin deviendra également votre *Journal du succès à vous affirmer*, ce qui augmentera votre confiance à continuer !

Deux réflexions…

Prenez conscience du fait que la cause fondamentale de votre incapacité à dire non est la peur de déplaire aux autres. Pour vous libérer de cette peur, pensez à toutes les raisons pour lesquelles elle n'est pas fondée.

La difficulté à dire non vient aussi des exigences que vous entretenez envers vous-même. Vous en demandez-vous trop? Si vous prenez conscience des conséquences désastreuses reliées à la surcharge de tout ce que vous avez à faire, cela vous aidera à être moins sévère envers vous-même.

Des suggestions pour aller plus loin

* Christel Petitcollin, *S'affirmer et oser dire non*, Éditions Jouvence, 2003, 96 p.

* Marie Borrel, *81 façons d'apprendre à dire non!*, Éditions Maisnie Trédaniel, 2001, 92 p.

* Sarah Famery, *Savoir et oser dire non*, Éditions d'Organisation, 2003, 160 p.

Est-ce que je remets à plus tard ce que je dois faire ?

« Le plus grand voleur que le monde ait connu est la procrastination, et il est toujours au large… »
— HENRY WHEELER SHAW

*Q*ue ce soit au travail, à la maison, auprès de leurs proches, certaines personnes ont la réputation de toujours tout remettre à plus tard ce qu'elles doivent faire maintenant. Si cela vous dit quelque chose, vous trouverez ci-dessous quelques stratégies pour vous soulager de la procrastination.

Attendre à demain et… ne rien faire de plus

Le mot « procrastination » est composé des termes latins *pro-* et *cratinus* qui signifient « du lendemain ». Il désigne la tendance générale à remettre à plus tard ce qui doit être fait. Quelques conséquences de cette malheureuse habitude ? Le travail bâclé, les rendez-vous qui ne sont pas honorés, le manque de motivation, la perte de satisfaction au travail et dans la vie.

Au lieu de nous enfermer dans cette prison et de nous inventer des raisons pour ne rien faire, il vaut mieux comprendre les raisons qui nous poussent à ne pas agir et à les remplacer par des attitudes propres à nous motiver.

> Ce ne sont pas les mots qui soulèvent les montagnes et améliorent le monde, mais chacune des actions que nous faisons.

Qu'est-ce qui nous retient de passer à l'action ?

À la base de la procrastination se retrouve habituellement un problème de motivation. Qu'est-ce qui nous pousse à faire une chose plutôt qu'une autre ? C'est que la procrastination dispose d'une artillerie lourde pour nous empêcher d'agir. En voici quatre exemples :

1. **Les pensées et l'imagination.** Nous nous concentrons sur les inconvénients de ce que nous avons à faire. C'est ennuyant, c'est difficile, c'est long. De plus, si nous imaginons d'un coup tout ce que nous avons à faire, les choses semblent s'accumuler et dépasser en hauteur les plus hauts sommets de l'Himalaya.

2. **Le manque d'autonomie.** Agir consiste à prendre des initiatives. Or, il est souvent plus confortable de laisser aux autres le soin de diriger, de décider et d'agir. C'est l'erreur de croire qu'on n'est jamais si bien servi que... par les autres.

3. **La peur d'échouer.** C'est la raison classique ! La peur de l'échec est parfois si grande que nous retardons l'action jusqu'à ce qu'il soit trop tard pour réussir, tout simplement... Nous disposons alors du prétexte idéal pour ne rien faire : ce n'est pas notre faute.

4. **La peur de réussir.** Bien que cela semble contradictoire, nous pouvons aussi avoir peur de réussir. D'où une telle crainte peut-elle venir ? C'est que la réussite peut susciter de la jalousie de la part des autres, nous engager dans de nouvelles responsabilités ou augmenter les attentes au point que nous ne puissions faire face à la suite. Ainsi, pas de réussite, pas de problème !

Passer à l'action conduit à de nombreux avantages :

- *Vous découvrez tout ce que vous pouvez faire (multiplication des passions et des possibilités).*

- *Vous savez quelles erreurs éviter parce que vous les commettez (apprendre de ses échecs).*

- *Vous obtenez des résultats (source de croissance et de connaissance de soi).*

Différentes manières de contrer la procrastination

Enrichissez les raisons pour lesquelles vous devez passer à l'action. Il est toujours « souffrant » de commencer à faire un effort. Nous préférons le confort et les résultats immédiats... Nous n'avons souvent pas développé la satisfaction liée à l'effort et au fait de savourer les résultats qui découlent de ces efforts. Une fois que nous nous sommes assis confortablement dans un fauteuil et que nous avons allumé la télé, il est bien difficile de passer à l'action. C'est la force d'inertie qui s'empare de nous...

Nous procrastinons souvent parce que nous croyons que l'action va nous apporter plus de souffrances que l'inaction. Or, il est possible d'associer plus de plaisir à ce que vous comptez faire. Pensez aux résultats et à la satisfaction que vous obtiendrez. Pensez aussi aux malaises que vous ressentirez si vous ne faites rien, aux résultats perdus, etc. C'est le meilleur moyen de prendre conscience de tout ce que le fait de combattre votre procrastination vous apporte.

> Ce n'est pas tout de savoir ce que vous voulez obtenir de la vie, encore faut-il être prêt à faire le nécessaire pour le réaliser.

Lancez-vous dans l'action (sans y penser)

Le meilleur moyen de faire diminuer l'anxiété reliée à une action est... de passer à l'action sans y penser. Vous contrez ainsi les effets néfastes de votre imagination. Plus vous avancez et plus vous êtes capable de faire face à des événements impressionnants sans vous laisser démonter. Autrement dit, faites tout de suite ce que vous aimez le moins. Vous constaterez rapidement que les activités étaient bien moins désagréables que vous ne le croyiez...

Voici les judicieux conseils que nous prodigue Stéphanie Milot, une auteure et conférencière spécialiste du sujet qui a publié un livre sur le succès:

- **Divisez vos grands projets en sous-projets.**

Nous avons souvent tendance à remettre tout à plus tard, car nous voyons la tâche à effectuer comme une montagne. Le fait de la diviser nous permet d'atteindre des petits objectifs au quotidien. Ces résultats sont très motivants et nous donnent envie de continuer!

- **Rendez vos engagements publics.**

Cette stratégie est basée sur le fait que l'on s'emploie souvent à bien faire les choses si on sait que l'on sera jugé ou évalué par autrui. C'est pourquoi le fait de clamer haut et fort votre engagement constituera pour vous une source de motivation supplémentaire.

Des pistes pour approfondir le sujet

> « On dépense davantage de temps et d'énergie en vivant dans la crainte d'une tâche à accomplir qu'en l'accomplissant tout bonnement. »
> — Rita Emmett

Êtes-vous capable de vous regarder dans le miroir et d'affirmer que vous ne procrastinez jamais? Sinon, pensez à tout ce que la procrastination vous empêche de réaliser dans votre vie et cela vous motivera à la faire diminuer.

Essayez de trouver les raisons profondes pour lesquelles vous remettez des choses au lendemain. Je ne suis pas le type de personne à remettre les choses au lendemain. Pourtant, il y a plusieurs années, avant de commencer à faire des conférences, le fait de prendre la parole en public m'effrayait littéralement. Cela dit, je voulais vraiment faire des présentations publiques et faire connaître le contenu de mes livres pour aider les gens ! Alors, après plusieurs mois de procrastination, je me suis avoué que ma peur m'empêchait d'avancer. Qu'ai-je fait ? Je me suis mis au pied du mur : ou je renonce à cet objectif excitant ou je commence dès maintenant à faire ce qu'il faut pour réussir. Devinez quel fut mon choix ? Et je ne l'ai jamais regretté !

Les dimensions essentielles pour réaliser une activité difficile (qui tend à nous faire procrastiner)

Je travaille maintenant depuis plusieurs années dans les contextes où les gens réalisent leurs activités, tant dans leur vie personnelle que professionnelle. Ci-dessous, vous trouverez des dimensions essentielles que j'ai observées et qui aident à laisser de côté la procrastination. Si ces trois dimensions sont importantes pour les autres, pourquoi ne pas les considérer vous aussi ? Les voici donc :

1.   Faites la différence entre un souhait et une décision réelle.

Un souhait est vague et laisse le soin au hasard (ou au destin, selon ce que vous préférez) de le réaliser. Au contraire, une décision réelle implique votre volonté et votre responsabilité. Si vous prenez la décision de faire quelque chose, vous êtes la seule personne en mesure de réussir : il en va de votre volonté !

2.   Quelle est l'importance de l'objectif (ou de l'activité) pour vous ?

Est-ce que ce que vous choisissez de faire correspond vraiment à vos choix, à vos goûts, à vos valeurs, à ce que vous êtes ? Même les activités les plus triviales et répétitives, celles que vous avez le moins envie de réaliser, peuvent s'enrichir d'un sens nouveau si vous vous les appropriez, si vous voyez en quoi elles vous permettent de devenir davantage ce que vous voulez. Cette appropriation presque «identitaire» de vos activités nourrira votre motivation. Si vous décidez d'apprendre à jouer d'un instrument de musique pour impressionner les autres, il se peut fort bien que la procrastination soit au rendez-vous.

3. Apprenez à vous connaître dans l'effort.

Beaucoup de choses nous semblent difficiles à réaliser avant qu'elles ne deviennent faciles. Si vous prenez le temps de vous connaître à travers vos efforts, si vous vous rappelez les succès qui ont suivi les moments de doutes et de difficultés, vous vous convaincrez davantage que vous pouvez réussir si vous vous en donnez la peine. Plus vous apprenez à vous connaître dans ce contexte et plus vous pourrez utiliser ces expériences comme des références pour persévérer dans l'avenir. Vous pouvez aussi vous inspirer en lisant des biographies de personnes qui ont réalisé de grandes choses malgré les nombreuses difficultés auxquelles elles se sont heurtées.

Des suggestions pour aller plus loin

- Stéphanie Milot, *Ces gens qui ont du succès... Ont-ils vraiment plus de chance que les autres ?*, Éditions SCSM, 2008.

- Rita Emmett, *Ces gens qui remettent tout à demain – Conseils pour vaincre la procrastination*, Éditions de l'Homme, 2005, 189 p.

Est-ce que je sais gérer les conflits?

*D*ès que des êtres humains entrent en relation, des conflits risquent d'émerger. Même si cela est tout à fait normal, pouvons-nous améliorer nos réactions quant aux conflits pour en minimiser les conséquences désastreuses? Bien sûr! Mais cela demande des efforts. Ci-dessous, vous trouverez quelques pistes pour vous aider.

Tout d'abord, un petit test : êtes-vous hostile?

Êtes-vous prompt à réagir? Est-ce que la moutarde vous monte facilement au nez? Notre degré d'hostilité est directement relié à l'incidence des conflits dans notre vie et au travail. L'hostilité se manifeste à travers les pensées, les émotions et les comportements spécifiques que nous pouvons apprendre à identifier. En plus de son impact négatif sur nos relations interpersonnelles, l'hostilité influence notre niveau de stress et a même été identifiée comme un facteur de risque des maladies cardiaques.

Lisez avec attention chacun des énoncés qui suivent et indiquez à quel degré il s'applique à vous (cochez ou encerclez la réponse qui convient le mieux). Le but de ce test est de vous initier à la notion de conflit et de vous donner une idée générale de vos chances de réagir ou non avec hostilité. Il se peut que vous sentiez que certains énoncés ne sont pas pertinents et ne décrivent pas des situations que vous vivez. Si c'est le cas, ne répondez pas et retranchez cinq points au chiffre présenté dans l'interprétation (à la fin) pour chaque question à laquelle vous n'aurez pas répondu :

- Les défauts des autres me «tombent sur les nerfs».
  1. Vrai la plupart du temps
  2. Plutôt vrai
  3. Parfois vrai ou faux
  4. Plutôt faux
  5. Faux la plupart du temps

- Je crois que la plupart des personnes que je ne connais pas ne sont pas dignes de confiance et peuvent me trahir pour obtenir ce qu'elles désirent.
  1. Vrai la plupart du temps
  2. Plutôt vrai
  3. Parfois vrai ou faux
  4. Plutôt faux
  5. Faux la plupart du temps

- J'exprime mon mécontentement vis-à-vis des autres et des situations qui me déplaisent.
  1. Vrai la plupart du temps
  2. Plutôt vrai
  3. Parfois vrai ou faux
  4. Plutôt faux
  5. Faux la plupart du temps

- Cela me dérange que les autres m'expriment peu leur appréciation.
  1. Vrai la plupart du temps
  2. Plutôt vrai
  3. Parfois vrai ou faux
  4. Plutôt faux
  5. Faux la plupart du temps

- J'ai tendance à ruminer longuement les problèmes et les souvenirs des situations qui m'ont dérangé.
  1. Vrai la plupart du temps
  2. Plutôt vrai
  3. Parfois vrai ou faux
  4. Plutôt faux
  5. Faux la plupart du temps

- Quand je ne suis pas satisfait de la manière dont j'ai réagi dans une situation, je pense longuement à tout ce que j'aurais pu faire de mieux.
  1. Vrai la plupart du temps
  2. Plutôt vrai
  3. Parfois vrai ou faux
  4. Plutôt faux
  5. Faux la plupart du temps

- J'ai tendance à agir avant de penser plutôt que l'inverse.
  1. Vrai la plupart du temps
  2. Plutôt vrai
  3. Parfois vrai ou faux
  4. Plutôt faux
  5. Faux la plupart du temps

- Quand une personne n'est pas d'accord avec moi, j'ai de la difficulté à écouter son point de vue.
  1. Vrai la plupart du temps
  2. Plutôt vrai
  3. Parfois vrai ou faux
  4. Plutôt faux
  5. Faux la plupart du temps

- Quand j'ai raison et qu'une autre personne a tort, j'ai du plaisir à le lui rappeler pendant un bon moment.
  1. Vrai la plupart du temps
  2. Plutôt vrai
  3. Parfois vrai ou faux
  4. Plutôt faux
  5. Faux la plupart du temps

- J'ai tendance à critiquer les autres et à être sarcastique.
  1. Vrai la plupart du temps
  2. Plutôt vrai
  3. Parfois vrai ou faux
  4. Plutôt faux
  5. Faux la plupart du temps

- Quand une autre personne dit quelque chose de stupide, je ne peux résister à l'occasion de passer un petit commentaire.
  1. Vrai la plupart du temps
  2. Plutôt vrai
  3. Parfois vrai ou faux
  4. Plutôt faux
  5. Faux la plupart du temps

- Je perds patience facilement.
  1. Vrai la plupart du temps
  2. Plutôt vrai
  3. Parfois vrai ou faux
  4. Plutôt faux
  5. Faux la plupart du temps

- Je porte attention aux erreurs et aux faiblesses des autres.
  1. Vrai la plupart du temps
  2. Plutôt vrai
  3. Parfois vrai ou faux
  4. Plutôt faux
  5. Faux la plupart du temps

- Je trouve difficile de maîtriser ma colère par rapport à ce qui me dérange.
  1. Vrai la plupart du temps
  2. Plutôt vrai
  3. Parfois vrai ou faux
  4. Plutôt faux
  5. Faux la plupart du temps

- Quand une personne me pose une question que je trouve évidente, je lui réponds de manière à le lui faire savoir.
  1. Vrai la plupart du temps
  2. Plutôt vrai
  3. Parfois vrai ou faux
  4. Plutôt faux
  5. Faux la plupart du temps

- Je me conduis d'une manière volontairement déplacée vis-à-vis des personnes que je n'aime pas.
  1. Vrai la plupart du temps
  2. Plutôt vrai
  3. Parfois vrai ou faux
  4. Plutôt faux
  5. Faux la plupart du temps

- Je tolère difficilement l'échec.
  1. Vrai la plupart du temps
  2. Plutôt vrai
  3. Parfois vrai ou faux
  4. Plutôt faux
  5. Faux la plupart du temps

- Je me sens longtemps coupable même lorsque la personne concernée m'a pardonné.
  1. Vrai la plupart du temps
  2. Plutôt vrai
  3. Parfois vrai ou faux
  4. Plutôt faux
  5. Faux la plupart du temps

- Je m'« autodénigre » facilement lorsque les choses vont mal.
  1. Vrai la plupart du temps
  2. Plutôt vrai
  3. Parfois vrai ou faux
  4. Plutôt faux
  5. Faux la plupart du temps

- Je me déçois beaucoup lorsque je ne réponds pas aux attentes des autres.
  1. Vrai la plupart du temps
  2. Plutôt vrai
  3. Parfois vrai ou faux
  4. Plutôt faux
  5. Faux la plupart du temps

- Lorsqu'une personne est agressive avec moi, elle n'attend pas longtemps avant d'obtenir des représailles de ma part.
  1. Vrai la plupart du temps
  2. Plutôt vrai
  3. Parfois vrai ou faux
  4. Plutôt faux
  5. Faux la plupart du temps

- Lorsque je suis très en colère, il n'est pas rare que je l'exprime physiquement (par des coups sur une table, par exemple).
  1. Vrai la plupart du temps
  2. Plutôt vrai
  3. Parfois vrai ou faux
  4. Plutôt faux
  5. Faux la plupart du temps

- Lorsqu'une personne n'agit pas correctement avec moi, je me venge par la suite.
  1. Vrai la plupart du temps
  2. Plutôt vrai
  3. Parfois vrai ou faux
  4. Plutôt faux
  5. Faux la plupart du temps

- J'ai tendance à passer ma frustration sur les membres de mon entourage (ma famille, mes amis, mes collègues, etc.).
  1. Vrai la plupart du temps
  2. Plutôt vrai
  3. Parfois vrai ou faux
  4. Plutôt faux
  5. Faux la plupart du temps

- J'ai tendance à parler dans le dos des personnes que je n'aime pas, autant que possible pour leur faire du tort.
  1. Vrai la plupart du temps
  2. Plutôt vrai
  3. Parfois vrai ou faux
  4. Plutôt faux
  5. Faux la plupart du temps

- Quand j'ai un conflit avec une autre personne, je lui rappelle ses erreurs passées pour la culpabiliser.
  1. Vrai la plupart du temps
  2. Plutôt vrai
  3. Parfois vrai ou faux
  4. Plutôt faux
  5. Faux la plupart du temps

- Quand les autres ont fait quelque chose qui me dérange, je le leur rappelle longtemps.
  1. Vrai la plupart du temps
  2. Plutôt vrai
  3. Parfois vrai ou faux
  4. Plutôt faux
  5. Faux la plupart du temps

- Je peux pardonner à une personne pour continuer à lui parler, mais je ne lui pardonne pas le tort qu'elle m'a causé.
  1. Vrai la plupart du temps
  2. Plutôt vrai
  3. Parfois vrai ou faux
  4. Plutôt faux
  5. Faux la plupart du temps

- Je crois que les personnes qui sont aimables le sont surtout pour obtenir quelque chose en retour.
  1. Vrai la plupart du temps
  2. Plutôt vrai
  3. Parfois vrai ou faux
  4. Plutôt faux
  5. Faux la plupart du temps

- Il m'arrive d'utiliser la culpabilité ou l'intimidation pour obtenir ce que je désire.
  1. Vrai la plupart du temps
  2. Plutôt vrai
  3. Parfois vrai ou faux
  4. Plutôt faux
  5. Faux la plupart du temps

Une attitude hostile favorise grandement les conflits. Elle peut être tournée contre les autres, mais aussi contre soi-même. Les pensées hostiles se manifestent par du cynisme, du ressentiment, le jugement sévère et la rumination de ce qui nous dérange. La dimension émotionnelle de l'hostilité implique différents niveaux de colère tandis que la dimension comportementale traduit en paroles et en actes les pensées et les émotions négatives, et vise essentiellement à blesser…

Faites le total de vos réponses (additionnez les chiffres associés à vos réponses).

Votre résultat : _____

Interprétation

Plus le chiffre de votre résultat est bas (à partir de 30), plus vous avez tendance à être hostile par rapport aux autres et à travers différentes situations. Si le chiffre de votre résultat est élevé (jusqu'à 150), cela indique que vous êtes d'un naturel pacifique. Il ne vous reste donc qu'à découvrir de nouvelles stratégies pour prévenir et gérer les conflits !

Les inévitables conflits

Chaque jour, nous partageons des convictions et nous échangeons avec les autres. Or, c'est souvent dans ce contexte que naissent les conflits. Nous pouvons accepter les conflits, car ils constituent un phénomène normal et incontournable de la vie. En comprenant mieux comment les conflits se manifestent, nous nous outillons pour les régler plus facilement et pour empêcher qu'ils ne se répètent inlassablement.

> Les conflits sont inévitables. Le tout consiste à apprendre à les comprendre et à les résoudre.

Désamorcer les conflits. Les conflits s'engagent souvent très facilement, sans que nous nous en apercevions. Si nous manifestons de l'agressivité, l'autre risque fort de nous répondre de la même manière. À ce moment s'engage une escalade qui ne favorise plus le plaisir d'être en relation. Chacun désire « gagner » le conflit, ce qui est un but absurde puisque personne ne peut sortir victorieux d'un tel échange. Il est facile de déterminer les étapes à travers lesquelles nous passons pour nous rendre au conflit. Pour désamorcer de telles situations, il faut d'abord identifier ce qui a fait déraper la communication et la relation. Une bonne stratégie consiste à ne plus parler du sujet du conflit, mais du fait qu'il y a un conflit : c'est la métacommunication. Si nous nous entendons sur le fait que nous ne nous entendons pas, nous créons un contexte favorable pour sortir de ce qui suscite l'agressivité.

La difficulté à faire la différence entre une idée et la personne qui exprime cette idée. Nous aimons nos idées, nous les défendons, nous les chouchoutons. Cependant, tant que nous faisons l'erreur de croire que si une personne n'est pas d'accord avec nous, c'est parce qu'elle ne nous aime pas, nous risquons de nous dénigrer et de réagir avec agressivité dès que quelqu'un propose une manière différente de voir les choses. À ce sujet, il est utile de ne pas « personnaliser ». Au lieu de relier la divergence des intérêts et des opinions à la personne, en l'égratignant au passage, nous pouvons rester sur le plan des idées. Ce n'est pas l'autre le problème, c'est la différence de point de vue.

Le manque de communication. La communication n'est pas un état, elle est un processus, et il n'est pas toujours facile de bien l'entretenir. Voici quelques exemples de problèmes de communication à la source des conflits :

• Nos pensées, si elles sont évidentes pour nous, ne le sont pas autant pour les autres. Partageons-les ! Si nous ne communiquons pas toujours clairement ce que nous pensons, cela nourrit les malentendus...

• Nos relations impliquent souvent certaines attentes. Il est utile d'exprimer ces attentes dès le début. Comment pouvons-nous croire que les autres les devinent ? Il est plus facile de combler nos attentes si nous les précisons clairement.

• Mettre à jour notre communication. De nombreux conflits seraient évités si nous prenions la peine de partager nos pensées, nos impressions et nos émotions à mesure et non pas de les accumuler jusqu'au moment où la situation devient intolérable. Par exemple, une personne vous dit qu'elle est déçue de sa relation avec vous et elle vous fait une longue liste de reproches. Vous savez que plusieurs de ces reproches sont des malentendus qui auraient pu être clarifiés à mesure s'ils avaient été abordés. En ce qui concerne les reproches fondés, vous savez qu'il aurait été possible de corriger la situation et de vous excuser, si vous aviez su... Maintenant, il est trop tard et tout le monde y perd !

S'enfouir la tête dans le sable. Cette stratégie qui fait merveille pour entretenir les conflits consiste à nier les problèmes. Il est utile de « tourner la page » si les différends ont été clarifiés, si personne ne se garde ne serait-ce qu'un petit squelette dans le placard. Par contre, si les causes du conflit

> Saviez-vous que les conflits sont utiles s'ils sont utilisés comme une source d'information privilégiée pour améliorer les relations ?

n'ont pas été identifiées et bien comprises, il est bien difficile d'éviter qu'elles ne reproduisent leurs douloureuses conséquences... Dans ce cas, tourner la page revient à balayer la poussière sous le tapis. Les personnes qui adoptent une telle attitude croient souvent que le fait d'aborder un problème ne permet que de ressasser de mauvais souvenirs et d'entretenir de la rancune. Dans son livre *L'art de la guerre*, le général Sun Zi dit : « Connais ton adversaire, connais-toi, et tu ne mettras pas ta victoire en danger. » Comment voulez-vous savoir quel problème corriger si vous n'en parlez pas ?

Rompre la communication (et la relation). Pourquoi perdre du temps à régler un conflit quand on peut, à la place, éliminer tout simplement la relation ? C'est le calcul que font les personnes qui n'entretiennent pas le désir de régler leurs problèmes. Est-ce vraiment plus facile de procéder ainsi ? Par exemple, imaginez que vous devez appeler systématiquement une personne trois fois avant qu'elle vous rappelle... un mois plus tard. Vous lui dites que votre relation avec elle est importante, mais que vous n'appréciez pas ce manque de considération. Et vous ne demandez pas qu'elle vous rappelle dans les 24 heures, mais au moins qu'elle vous rappelle un peu plus vite...

Devant vos « exigences », la personne rompt complètement la communication et, par la même occasion, met fin à la relation. C'est une bien triste manière de régler un petit problème, ne trouvez-vous pas ?

Il est probable que vous ayez vécu ces types de situations au moins une fois dans votre vie. Alors, pour diminuer les conflits, pourquoi ne pas commencer tout de suite à éviter que ces contextes se produisent ? Bien sûr, tout cela demande du temps, du courage et des efforts. Toutefois, cela constitue un véritable investissement pour l'avenir qui vaut mieux que la méthode facile, celle des squelettes dans le placard, car la mauvaise nouvelle avec un squelette, c'est que même mort, ça a la vie dure…

> Nous sommes tous capables d'extraire une grande quantité de bien de chaque situation. Tout dépend du point de vue que nous choisissons.

EXERCICE
Une situation conflictuelle liée à une mauvaise communication

Remémorez-vous une situation où vous avez vécu un conflit fort désagréable qui venait d'un malentendu ou d'autres problèmes de communication et répondez aux questions qui suivent. Si vous ne vous rappelez pas de conflit en particulier, inventez une situation plausible dans votre contexte de travail ou votre vie et répondez aux questions :

1. Décrivez la situation conflictuelle.

_____

_____

_____

_____

_____

_____

2. Quels ont été les effets de ce conflit sur les personnes qu'il impliquait (conséquences)?

_____

_____

_____

_____

3. Comment ce conflit a-t-il été géré?

_____

_____

_____

_____

4. Y aurait-il eu de meilleures manières de le régler en améliorant la communication? Pourquoi?

_____

_____

_____

_____

Des suggestions pour aller plus loin

*   Béatrice Trélaün, *Conflits dans la famille – Manuel pour sortir des querelles*, Éditions Chronique Sociale, 2003, 156 p.

*   Dominique Picard et Edmond Marc, *Petit traité des conflits ordinaires*, Le Seuil, 2006, 240 p.

Est-ce que ma vie avance dans la meilleure direction possible ?

Il arrive souvent que le fait d'obtenir ce que nous désirons
ne soit pas aussi satisfaisant que ce que nous avons gagné sur le
chemin que nous avons parcouru pour l'obtenir.

*O*btenez-vous vraiment ce que vous méritez dans votre vie ? De nos jours, de nombreuses personnes sont malheureuses parce qu'elles n'obtiennent pas les résultats qu'elles espèrent. Pourtant, elles travaillent fort, très fort même ! Ce qui suit vous propose des stratégies qui vous aideront à nourrir la satisfaction dans votre vie !

Le monde compte un petit nombre de personnes qui sont vraiment satisfaites de leur vie et un grand nombre de personnes qui ne le sont pas. Pourquoi cela ? Simplement parce que celles qui sont satisfaites ont appris à apporter une différence positive dans leur vie et à obtenir des résultats. Elles travaillent à s'améliorer, elles sont actives et n'attendent pas que des miracles se produisent. En somme, elles ont compris qu'elles devaient compter sur elles-mêmes pour réussir, et non sur les autres ou sur la chance… Voici comment faire la différence :

1. Enrichissez votre perspective.

Votre capacité à obtenir des résultats dépend de la perspective que vous avez. Les personnes qui pensent à long terme ont plus de chances d'obtenir de meilleures conditions de travail et de saisir des occasions parce qu'elles entretiennent de plus vastes champs d'intérêt. Elles s'intéressent à plus de sujets et apprennent continuellement. Elles sont rarement déprimées et sont plutôt motivées !

Pour développer votre perspective, entraînez-vous à penser aux conséquences de vos actions à long terme. La perspective vous aide à penser de manière stratégique et cohérente. Par exemple, pouvez-vous trouver une manière de vous divertir qui vous apporte des résultats par la même occasion ? Personnellement, j'écoute beaucoup de documentaires à la télévision. En plus de me reposer, ils me permettent d'apprendre sur différents sujets. Ainsi, vous pouvez penser à ce que vos actions vous apportent sur plusieurs plans à la fois.

> Si vous avez la conviction que vous pouvez tout faire, vous vous donnez la possibilité de tout obtenir.

2. Distinguez les choses utiles des choses inutiles.

Nous pensons souvent que, parce que nous travaillons, nous avançons. Grave erreur ! Nous pouvons travailler énormément et obtenir moins de résultats que si nous travaillions moins. Cela vous paraît contradictoire ? Il faut distinguer *l'action* de faire des choses et *la manière* de les réaliser. Vous rendrez-vous plus vite en Australie en avion ou… en chaloupe ?

Le fait de bien gérer vos activités joue aussi un rôle primordial dans votre succès. Le fait de cibler votre objectif de la semaine et de donner un ordre de priorité à vos tâches peut paraître anodin. Pourtant, il s'agit de la façon la plus simple et la plus efficace d'accomplir les tâches importantes que vous avez peut-être tendance à remettre à plus tard parce qu'elles ne se manifestent pas avec la puissance explosive de l'urgence.

Ainsi, chaque jour, vous pouvez faire la différence entre les choses qui sont importantes et celles qui ne le sont pas. D'ailleurs, les personnes qui obtiennent le moins de résultats ignorent habituellement cette différence. Elles se dispersent et terminent rarement ce qu'elles commencent. Et comment faites-vous la différence entre les choses importantes et celles qui ne le sont pas ? Posez-vous simplement la question suivante : « Quelles conséquences vraiment négatives obtiendrai-je si je ne fais pas telle ou telle chose ? » Si vous n'en trouvez aucune, c'est le signe que l'activité n'est pas très importante… Par exemple, si je ne finis pas d'écrire ce livre, je sais qu'il ne sera jamais publié, ce qui constitue une conséquence très négative pour moi…

3. Faites plus avec ce que vous avez.

Si vous ne vous donnez pas de buts ni ne développez votre perspective, vous risquez de disperser votre énergie sans même vous en apercevoir. Une stratégie pour maximiser vos résultats consiste à croiser le fruit de vos efforts. Autrement dit, une initiative peut en soutenir une autre. Vous n'avez pas toujours à réinventer la roue !

> Si vous savez ce que vous voulez, vous l'obtiendrez plus facilement que si vous savez seulement ce que vous ne voulez pas !

Par exemple, lorsque vous faites des courses, pensez à tout ce dont vous avez besoin dans le coin où vous vous rendez, même si cela n'est pas inscrit sur votre liste d'épicerie. Cela vous évitera de vous rendre plusieurs fois au même endroit pour rien. Lorsque vous créez des synergies entre vos objectifs et vos actions, vous maximisez le fruit de votre travail et de vos apprentissages.

4. Ne laissez pas passer les bonnes occasions !

Chaque année, de nombreuses occasions se présentent à vous. Et pour multiplier vos résultats, vous devez savoir les identifier et en profiter. Mieux encore, vous pouvez créer ces occasions ! Plus vous savez ce que vous désirez obtenir et plus vous êtes en mesure de profiter des informations et des situations lorsqu'elles se présentent.

Comme l'apprentissage et le succès, la quantité de bonnes occasions suit elle aussi une progression exponentielle. Chaque occasion que vous saisirez vous conduira à une ou à plusieurs autres. Pour cela, vous devez élargir votre perspective. Par exemple, depuis que j'offre des conférences et des formations aux organisations, chaque nouveau client me dirige vers des collègues qui peuvent à leur tour avoir besoin des services de ma compagnie. Cela dit, si je ne demandais pas ces sources à mes clients, ils n'y penseraient probablement pas d'eux-mêmes et je laisserais passer ces occasions !

N'écoutez donc pas vos peurs et donnez-vous la chance de sortir de vos anciennes habitudes. Par contre, attention ! Assurez-vous aussi que les occasions que vous saisirez sont cohérentes avec vos objectifs et vos valeurs.

5. Responsabilisez-vous… encore plus !

Jacques Forest, professeur au Département d'organisation et de ressources humaines de l'Université du Québec à Montréal (UQAM), s'intéresse aux facteurs qui permettent d'optimiser la performance. Selon lui, « pour avoir du plaisir, il doit y avoir une adéquation entre nos valeurs, nos capacités et les tâches que nous faisons ».

Cela souligne l'importance de prendre la responsabilité de votre vie et des résultats que vous obtenez. Il est facile de justifier la mauvaise utilisation de notre temps, notre désorganisation ou le fait que nous n'obtenons pas les résultats que nous aimerions. Cependant, n'est-il pas vrai que nous ne sommes jamais aussi bien servis que par nous-mêmes ? Le docteur Forest précise : « Le plaisir ne vient pas seul, mais il demande des efforts soutenus et dirigés. Le plaisir n'est pas un état inactif de béatitude, mais bien une démarche de quête de nous-mêmes, plus ou moins ardue, où nous cherchons à connaître les valeurs qui nous animent et le sens à notre vie. »

Lorsque vous prenez la responsabilité de votre réussite, vous attribuez les changements positifs à vous-même, à vos décisions, à vos efforts et non pas aux autres ni au hasard. Il existe d'ailleurs une relation directe entre la réalisation de soi et l'augmentation de la confiance et de l'estime de soi. Une personne qui s'accorde de la valeur et qui a pris le temps de se connaître sait quoi faire pour se réaliser et possède la confiance et la motivation nécessaires pour réussir. Ainsi, plus vous vous réaliserez et plus vous serez fier de vous-même !

> Les différents engagements inscrits à votre horaire doivent témoigner de vos valeurs et de votre recherche d'équilibre entre les différentes sphères de votre vie.

Voici quelques-unes des conséquences positives que de telles initiatives auront sur votre vie :

- Votre contribution personnelle sera plus élevée.

- Vous serez plus productif et vous vous réaliserez davantage.

- Vous améliorerez votre vision de vous-même (estime personnelle).

- Plus vous donnerez aux autres et plus vous recevrez en échange.

L'organisation efficace de vos activités développera votre discipline personnelle et votre capacité à obtenir plus de résultats en fournissant moins d'efforts.

Votre bilan global : les cinq dimensions pour faire prendre la bonne direction à votre vie

Ci-dessous, vous trouverez les cinq dimensions fondamentales par rapport auxquelles vous pourrez vous développer de façon harmonieuse pour bénéficier d'une vie épanouie. L'ordre de ces cinq dimensions ne désigne pas leur importance, car elles sont toutes également importantes. Inscrivez dans chaque dimension ce qui est important pour vous. Que devez-vous faire pour que chaque dimension se développe de façon harmonieuse ? Mettez ensuite en ordre d'importance les éléments que vous aurez notés pour chacune de ces dimensions :

1. Vous-même

Cette dimension est fondamentale. Sans cette dernière, vous ne liriez pas ce livre et ne viseriez pas à vous développer. Elle inclut l'estime personnelle et la confiance, la connaissance de vous-même, les apprentissages que vous faites, les projets que vous accomplissez pour vous-même, etc.

Sur cent, à combien vous situez-vous actuellement dans cette dimension ? Zéro désigne que vous avez tout à faire et cent signifie que vous êtes parfaitement accompli. Ce pourcentage vous aidera à distribuer vos efforts pour vous concentrer en premier sur les dimensions les plus importantes et les plus pressantes.

_____%

Nommez ensuite tout ce qui vous passe par la tête et que vous aimeriez développer dans cette dimension, tout ce que vous aimeriez améliorer. Mettez ensuite des chiffres à côté de chaque élément pour les classer en ordre de priorité.

2. Vos relations interpersonnelles

Les autres personnes jouent un rôle fondamental dans notre vie. D'autres personnes se retrouvent derrière tout ce que nous faisons. Un conflit nous fait toujours vivre des émotions désagréables. Vous entrez en relation avec les autres dans votre famille (parents, enfants, frères et sœurs, etc.), dans vos relations amoureuses, au travail… Vous sentez-vous accompli dans vos relations ? Sur cent, à combien considérez-vous que vous vous situez actuellement ?

_____%

Nommez tout ce qui vous passe par la tête et que vous aimeriez développer dans cette dimension. Mettez ensuite des chiffres à côté de chaque élément pour les classer en ordre de priorité.

3. Votre santé physique

La santé est synonyme de qualité de vie. Sans elle, vous ne pouvez réaliser les objectifs qui sont importants pour vous. Toutefois, la santé ne consiste pas simplement à ne pas être malade ! Elle consiste à rester en bon état physique tout au long de notre vie. La « prévention » est donc le maître mot de cette dimension. Vous pouvez par exemple faire de l'exercice, faire de meilleurs choix alimentaires, diminuer vos portions aux repas, dormir de meilleures nuits, arrêter de fumer, diminuer votre consommation d'alcool et de café, etc.

Sur cent, à combien considérez-vous que vous vous situez actuellement dans cette catégorie ?

_____%

Nommez tout ce qui vous passe par la tête et que vous aimeriez développer dans cette dimension. Mettez ensuite des chiffres à côté de chaque élément pour les classer en ordre de priorité.

4. Votre carrière

Vous passerez la majeure partie de votre vie à accomplir un travail pour lequel vous serez rémunéré. Puisque nous devons tous travailler pour subvenir à nos besoins, aussi bien que ce travail soit agréable, positif et constructif ! Sur cent, à combien considérez-vous que vous vous situez actuellement dans cette catégorie ?

_____ %

Nommez tout ce qui vous passe par la tête et que vous aimeriez développer dans cette dimension. Mettez ensuite des chiffres à côté de chaque élément pour les classer en ordre de priorité.

5. Vos finances personnelles

L'argent est un bon serviteur, mais un mauvais maître. Sans argent, nous n'allons nulle part : nous ne pouvons pas manger ni nous loger... Cette dimension est souvent laissée pour compte, c'est le cas de le dire, car plusieurs croient que le fait de penser à l'argent est automatiquement synonyme de cupidité. Résultat ? De trop nombreuses personnes gèrent mal leurs finances personnelles, s'endettent et risquent de manquer d'argent à la retraite. Il ne s'agit donc pas de devenir pingre ou prodigue, mais de donner suffisamment d'importance à cette dimension pour que l'argent vous serve bien. D'ailleurs, vous aurez besoin d'argent pour réaliser de nombreux autres buts importants dans votre vie qui n'ont rien à voir avec la consommation, comme faire de l'exercice ou bien manger. Sur cent, à combien considérez-vous que vous vous situez actuellement dans cette catégorie ?

_____ %

Nommez tout ce qui vous passe par la tête et que vous aimeriez développer dans cette dimension. Mettez ensuite des chiffres à côté de chaque élément pour les classer en ordre de priorité.

D'autres exercices pour approfondir le sujet

1. Que faites-vous ?

Prenez une feuille et notez quelles sont les actions *concrètes* que vous faites actuellement dans votre quotidien et qui contribuent à vous rendre là où vous le désirez dans l'avenir. Économisez-vous pour faire des études ou pour acheter une maison? Faites-vous des efforts concrets pour améliorer la communication dans votre couple? Notez autant d'actions que vous le pouvez.

Si vous trouvez que la feuille reste plutôt vide, notez quelles actions vous pourriez faire concrètement pour la remplir! Manquez-vous de rêves? Vos objectifs sont-ils trop vagues et gagneraient-ils à être précisés?

2.   Un remue-méninges efficace!

Vous réalisez souvent des activités qui pourraient bénéficier à d'autres. Si vous ne profitez pas déjà de cet effet de synergie, c'est sans doute simplement parce que vous n'avez pas encore fait de liens entre ces activités.

Pour résoudre ce problème, prenez une feuille pour chaque chose importante que vous faites chaque jour dans votre vie personnelle et professionnelle. Notez ensuite les détails des activités que vous devez réaliser sur chaque feuille. Le fait de prendre conscience de ces détails vous permettra de voir quelles activités pourraient en nourrir d'autres.

Vous ne voyez pas l'heure où vous pourrez enfin en apprendre davantage sur le jardinage et vous rêvez de faire plus d'activités de plein air? Pourquoi ne pas vous inscrire à un cours de jardinage extérieur? Ce serait un «deux pour un».

Vous aimez lire, mais vous trouvez que votre vie manque de relations humaines? Pourquoi ne pas utiliser les livres que vous lisez pour créer une activité sociale, comme un club de lecture avec des amis ou des collègues? Et l'attention que vous porterez à ce que vous lisez enrichira les sujets de conversation à l'heure du repas!

Des suggestions pour aller plus loin

- David Allen, *S'organiser pour réussir – Getting Things Done (méthode GTD)*, Leduc.s Éditions, 2008, 287 p.

- Jacques Forest, Ph. D., psychologue organisationnel, conseiller en ressources humaines agréé (CRHA) et professeur au Département d'organisation et de ressources humaines de l'UQAM.

Est-ce que je maîtrise mes émotions négatives et mon intelligence émotionnelle?

« Les grandes pensées viennent du cœur, et les grandes
affections viennent de la raison. »
— Louis de Bonald

$\mathcal{L}$'« intelligence émotionnelle » sont des termes dont on entend souvent parler, et ce type d'intelligence peut vous apporter beaucoup! De quoi s'agit-il? Pouvons-nous vraiment nous libérer de nos émotions négatives? Je vous propose de répondre à ces questions pour vous aider à enrichir l'intelligence de vos émotions.

Qu'est-ce que l'intelligence émotionnelle?

Lorsque nous désirons améliorer notre vie, les émotions positives et l'optimisme peuvent beaucoup nous aider. Tout ce que nous ressentons est émotion. Ce sont aussi nos émotions qui nous poussent à faire les choses importantes de notre vie, comme avouer notre amour à l'être aimé.

L'intelligence émotionnelle, ou la capacité de gérer ses propres émotions et ses relations avec les autres, constitue une habileté fondamentale pour réussir dans le monde dynamique d'aujourd'hui. Le fait de cultiver l'intelligence de vos émotions vous permet de cerner le rôle fondamental, tant positif que négatif, que jouent vos émotions dans votre vie comme au travail.

Dans son livre intitulé *L'intelligence émotionnelle* publié en 1995, le psychologue américain Daniel Goleman a popularisé l'idée selon laquelle nos émotions jouent un rôle important dans notre bien-être et nos relations. Luc Brunet, professeur titulaire au Département de psychologie de l'Université de Montréal, définit l'intelligence émotionnelle comme « la capacité d'entrer en relation avec l'autre sur le plan émotionnel. Elle est liée à la connaissance de ses propres émotions et à la capacité de reconnaître et d'accepter les émotions des autres ».

L'intelligence des émotions joue donc un rôle important dans notre vie. Le professeur Brunet ajoute : « [...] si au travail une personne est extrêmement compétente dans sa tâche, mais que personne ne veut travailler avec elle parce qu'elle est incapable d'entrer en relation avec les autres, il y a un risque de conflits et de problèmes d'efficacité. »

Test d'intelligence émotionnelle

Plusieurs experts s'entendent pour dire que l'intelligence émotionnelle (et le « quotient émotionnel » ou QE) aide à prédire le succès personnel et le bien-être dans la vie. Ce petit test tient compte de plusieurs dimensions reliées à la bonne gestion des émotions. Il vous aidera à mieux vous connaître sur ce plan et orientera l'amélioration de votre QE.

N'oubliez pas d'être honnête lorsque vous répondez à ces questions sur ce que vous faites, pensez ou ressentez. Autrement dit, ne répondez pas ce que vous croyez devoir répondre pour avoir de bons résultats à ce test, cela ne vous donnerait pas une vision fiable de la réalité.

Lisez avec attention chaque énoncé et indiquez s'il s'applique ou non à vous (encerclez la réponse). Le but est de vous donner une idée générale de vos manières de vivre vos émotions. Il se peut que vous sentiez que certaines questions ne sont pas pertinentes et ne décrivent pas des situations que vous vivez. Si c'est le cas, ne répondez pas et retranchez quatre points du chiffre présenté dans l'interprétation (à la fin) pour chaque question à laquelle vous n'aurez pas répondu :

- Je sens que la colère monte rapidement lorsque l'on m'attaque verbalement.
  1. Souvent
  2. Parfois

3. Occasionnellement
4. Rarement

- J'ai beaucoup de difficulté à recevoir les critiques, même constructives, qui viennent des autres.
  1. Souvent
  2. Parfois
  3. Occasionnellement
  4. Rarement

- Je panique lorsque je dois faire face à un conflit interpersonnel.
  1. Souvent
  2. Parfois
  3. Occasionnellement
  4. Rarement

- Quand j'ai un problème professionnel ou personnel, je ne peux penser à rien d'autre.
  1. Souvent
  2. Parfois
  3. Occasionnellement
  4. Rarement

- J'ai tendance à ruminer les difficultés que j'ai vécues dans le passé.
  1. Souvent
  2. Parfois
  3. Occasionnellement
  4. Rarement

- Je ressens parfois de l'angoisse sans savoir véritablement pourquoi.
  1. Souvent
  2. Parfois
  3. Occasionnellement
  4. Rarement

- J'ai de la difficulté à nommer plusieurs émotions, surtout lorsque je les vis.
  1. Souvent
  2. Parfois
  3. Occasionnellement
  4. Rarement

- Je trouve difficiles les occasions où je dois exprimer mes émotions (par exemple, de l'affection).
  1. Souvent
  2. Parfois
  3. Occasionnellement
  4. Rarement

- Peu importe ce que j'accomplis, j'ai toujours l'impression que j'aurais pu faire plus.
  1. Souvent
  2. Parfois
  3. Occasionnellement
  4. Rarement

- Je fais de mon mieux, surtout lorsqu'il y a quelqu'un pour voir les résultats.
  1. Souvent
  2. Parfois
  3. Occasionnellement
  4. Rarement

- Je fais habituellement tout ce que je peux pour me retenir de pleurer en public.
  1. Souvent
  2. Parfois
  3. Occasionnellement
  4. Rarement

- Lorsque les autres vivent des difficultés, je ne sais pas quoi leur dire.
  1. Souvent
  2. Parfois
  3. Occasionnellement
  4. Rarement

- Quand j'échoue quelque chose, je me tiens un discours intérieur « autodénigrant » (par exemple, « Je ne réussirai jamais »).
  1. Souvent
  2. Parfois
  3. Occasionnellement
  4. Rarement

- Je trouve qu'il y a plusieurs choses qui clochent en moi et j'ai peur du jugement des autres.
  1. Souvent
  2. Parfois
  3. Occasionnellement
  4. Rarement

- Selon moi, il est préférable de rester neutre et détaché envers les autres tant que je ne les connais pas suffisamment.
  1. Souvent
  2. Parfois
  3. Occasionnellement
  4. Rarement

- Lorsqu'une personne me partage ses difficultés, j'ai tendance à vouloir l'aider à régler ses problèmes plutôt que de seulement l'écouter.
  1. Souvent
  2. Parfois
  3. Occasionnellement
  4. Rarement

- J'ai souvent de la difficulté à comprendre le langage non verbal des autres.
  1. Souvent
  2. Parfois
  3. Occasionnellement
  4. Rarement

- J'ai besoin que les autres m'encouragent pour rester motivé.
  1. Souvent
  2. Parfois
  3. Occasionnellement
  4. Rarement

- Je réagis très fortement à la suite de problèmes mineurs.
  1. Souvent
  2. Parfois
  3. Occasionnellement
  4. Rarement

- Les obstacles qui se dressent sur ma route m'empêchent souvent de réaliser mes objectifs.
  1. Souvent
  2. Parfois
  3. Occasionnellement
  4. Rarement

- Je ne suis pas satisfait de mon travail tant qu'une autre personne ne m'a pas félicité.
  1. Souvent
  2. Parfois
  3. Occasionnellement
  4. Rarement

- Je me sens coupable à propos des choses que je ne fais pas parfaitement même lorsque je fais de mon mieux.
  1. Souvent
  2. Parfois
  3. Occasionnellement
  4. Rarement

- Je ressens souvent une bonne dose d'anxiété.
  1. Souvent
  2. Parfois
  3. Occasionnellement
  4. Rarement

- Le contact avec certaines personnes me porte à me sentir mal, peu importe les événements ou ce que je fais.
  1. Souvent
  2. Parfois
  3. Occasionnellement
  4. Rarement

- Quand je veux quelque chose, j'essaie de l'obtenir le plus rapidement possible.
  1. Souvent
  2. Parfois
  3. Occasionnellement
  4. Rarement

- Les personnes qui expriment ouvertement leurs émotions me font sentir mal à l'aise.
  1. Souvent
  2. Parfois
  3. Occasionnellement
  4. Rarement

- Je me sens plus souvent déprimé qu'heureux.
  1. Souvent
  2. Parfois
  3. Occasionnellement
  4. Rarement

- Lorsque j'ai un problème avec une personne, je vis longtemps de la rancune envers elle.
  1. Souvent
  2. Parfois
  3. Occasionnellement
  4. Rarement

- J'ai de la difficulté à accepter les choses que je ne peux pas changer.
  1. Souvent
  2. Parfois
  3. Occasionnellement
  4. Rarement

- J'ai l'impression que mes émotions négatives (tristesse, colère, etc.) sont impossibles à contrôler.
  1. Souvent
  2. Parfois
  3. Occasionnellement
  4. Rarement

Votre résultat : _____

Interprétation

Faites le total en additionnant les chiffres qui correspondent à toutes vos réponses (total de 30 à 120). Plus le chiffre de votre résultat est élevé et plus vous disposez déjà de bonnes aptitudes à l'intelligence émotionnelle. Il ne vous reste qu'à voir de quelle manière vous pouvez l'augmenter encore !

Nos émotions nous parlent

Comment pouvons-nous faire pour vivre des émotions plus agréables et entretenir de meilleures relations avec les autres ? En apprenant à connaître nos émotions, pardi ! Toutes nos émotions visent à nous transmettre un seul grand message : *préparez-vous à quelque chose,* mais ce message comporte bien sûr quelques subtilités !

Par exemple, la peur vous suggère simplement de vous préparer à ce qui peut se produire de négatif. Alors, si vous craignez d'échouer dans une activité, la peur vous suggère simplement de mieux vous préparer pour réussir. Ce message est positif ! Malheureusement, nous ne prenons pas toujours le temps d'écouter nos émotions. Pire, nous nous laissons envahir par leur message sans le comprendre et nous amplifions l'effet négatif de certaines émotions en les nourrissant de pensées tordues.

Dans son livre *La puissance des émotions,* la psychologue Michelle Larivey insiste sur l'importance d'écouter nos émotions et non pas de les deviner approximativement comme nous faisons souvent : « Je suis triste, ce doit être à cause de ce temps moche ! »

> Les émotions, le stress et la douleur physique vous envoient des messages. Sachez les écouter !

Quelques exemples de messages de vos émotions

1. *L'inconfort en général vous dit de changer votre état, donc de planifier quoi faire pour rétablir un niveau de confort acceptable.*

2. *L'agressivité contre une personne ou une situation signifie qu'une règle ou une valeur importante pour vous a été bafouée. L'émotion vous dit de faire ce qu'il faut pour rétablir l'équilibre.*

3. *Le désappointement signifie que vos attentes ne sont pas comblées. Vous pouvez changer votre façon de voir les choses (vos attentes) ou fournir davantage d'efforts pour les satisfaire.*

4. *La culpabilité vous dit que vous avez enfreint vos propres valeurs et que vous devez faire ce qu'il faut pour les rétablir.*

EXERCICE

Découvrez vos émotions et écoutez-les !

1. Nommez autant d'émotions agréables à ressentir que vous le pouvez. Pour vous aider à les identifier, pensez aux causes et aux conséquences de chaque émotion. Par exemple, une bonne nouvelle peut être la cause de la joie et la conséquence des états de joie fréquents peut être un certain bonheur.

- Nommez des conséquences de vos émotions positives (un état comme le bien-être, par exemple, ou leurs conséquences comme de bonnes relations, la paix d'esprit, la gaieté, etc.).

_____

_____

_____

_____

_____

2. Nommez autant d'émotions désagréables à ressentir que vous le pouvez.

_____

_____

_____

_____

_____

- Nommez des conséquences de vos émotions négatives (par exemple, conflits, perte de confiance, repli sur soi, hypercontrôle, etc.).

_____

_____

_____

_____

3. Nommez des indices corporels et psychologiques (par exemple, pensées) qui sont reliés aux moments où vous vivez des émotions (par exemple, stress, déprime, insomnie, mal de tête).

_____

_____

_____

_____

_____

Nous libérer des émotions négatives

Une opinion très répandue consiste à croire que nous ne pouvons rien faire par rapport à nos émotions, qu'elles sont toujours plus fortes. Pourtant, rien n'est plus faux ! Nous sommes responsables de nos émotions, car elles découlent majoritairement de nos pensées. Nous avons donc un pouvoir sur certaines parties de notre vie émotionnelle qui sont parfois très désagréables.

Nous cachons souvent nos lacunes et nos malaises derrière des justifications qui nous empêchent d'identifier la source des problèmes et de les résoudre. Par exemple, certaines personnes justifient leurs pensées et leurs attitudes négatives en affirmant qu'elles sont pessimistes. C'est l'arbre qui cache la forêt. Leur pessimisme n'est peut-être que la conséquence de la peur et de l'anxiété qu'elles éprouvent par rapport à tout ce qu'elles ne contrôlent pas.

Nos émotions négatives engendrent des conséquences dévastatrices sur nos vies, d'où l'importance de les maîtriser ! Il s'agit là aussi d'intelligence émotionnelle.

> « Lorsque notre haine est trop vive, elle nous met au-dessous de ceux que nous haïssons. »
> — La Rochefoucauld

Cultiver les émotions positives

Vous pouvez apprécier vos émotions négatives pour au moins une raison : elles vous permettent de vous améliorer ! Êtes-vous vraiment en mesure de travailler sur vous-même lorsque tout va bien ? Dès que vous acceptez d'affronter vos émotions négatives, vous vous mettez dans une position favorable pour comprendre vos difficultés. Comment faire ? Voici trois étapes qui vous aideront :

1.   Identifiez ce qui se passe.
Tout malaise émotionnel signifie que vous devez changer votre état pour rétablir le bien-être.

2.   Précisez la situation.
Clarifiez vos pensées et vos attitudes par rapport à ce que vous voulez vraiment. Peu importe ce que vous éprouvez, qu'est-ce que cela signifie ? Le fait de clarifier ce que vous ressentez par rapport à la situation vous aidera à en sortir.

3.   Passez à l'action.
Prenez conscience des pensées négatives que vous entretenez en relation avec la situation. Ne restez pas inactif en vous disant : «Les autres me rejettent», «Je suis timide», «Je suis incapable», etc. *Vous devez passer à l'action pour améliorer la situation !* Évidemment, comme tout apprentissage, la maîtrise de vos émotions négatives demande des efforts. La bonne nouvelle ? Plus vous vous exercerez et plus vous enrichirez l'intelligence de vos émotions.

> Si vous ne prenez pas le contrôle de vos émotions négatives, ce sont elles qui vous contrôleront...

Appliquez l'intelligence émotionnelle à votre travail et à votre vie

Le tableau suivant présente quatre dimensions de l'intelligence émotionnelle au travail et dans la vie (axe 1, c'est soi-même et les autres ; axe 2, c'est la conscience et les actions). Le croisement des deux axes indique les zones où vous pouvez appliquer votre intelligence émotionnelle (cases 1 à 4). Inscrivez ce qui peut nourrir votre intelligence émotionnelle par rapport à chacune de ces quatre cases (les questions qui suivent servent à orienter vos réponses et à vous inspirer).

	Soi-même	L'autre
Conscience	1. Conscience de ses émotions	3. Conscience sociale
Action	2. Contrôle de ses émotions	4. Habiletés sociales

◆ Case 1

Conscience de ses émotions. Comment ai-je tendance à vivre mes émotions ? Que se passera-t-il si je porte plus d'attention à ma vie émotionnelle pour écouter les messages qu'elle me livre ?

◆ Case 2

Contrôle de ses émotions. Comment puis-je concrètement maîtriser mes émotions négatives pour être plus heureux au travail et dans ma vie ? Quels efforts puis-je faire par rapport à ce que je connais de mes forces et mes faiblesses ?

◆ **Case 3**

Conscience sociale. Comment puis-je sortir de ma perspective pour comprendre les émotions, les valeurs et le point de vue des autres ? Quelles stratégies puis-je employer pour embellir mes relations ? Comment puis-je augmenter ma conscience des problèmes relationnels qui peuvent survenir ?

_____

_____

_____

_____

◆ **Case 4**

Habiletés sociales. Comment puis-je entretenir des relations plus constructives avec les autres ? Comment puis-je concrètement exercer mon empathie ? De quelle manière puis-je gérer les conflits lorsqu'ils surviennent ? Comment puis-je aider les autres à maîtriser leurs émotions négatives ?

_____

_____

_____

_____

Des suggestions pour aller plus loin

- Daniel Goleman, *L'intelligence émotionnelle*, J'ai lu, 2003, 504 p.

- Michelle Larivey, Ph. D., *La puissance des émotions*, Éditions de l'Homme, 2002, 336 p.

Est-ce que je suis guidé par ma confiance ou mené par mes peurs ?

*L*a peur et la confiance sont les deux faces d'une même médaille. Si la confiance augmente, la peur diminue. L'inverse est aussi vrai. Puisque la confiance est la clé d'une vie pleine de réussites, d'entrain et d'authenticité, vous trouverez ci-dessous sept manières de faire fuir vos peurs. Littéralement.

De la peur à la confiance

Le désir d'augmenter la confiance personnelle est l'un des objectifs personnels qu'un grand nombre de personnes se donnent. Alors, par où faut-il commencer ? Comment faire taire cette petite voix assassine qui nous critique sans cesse intérieurement ? Les sept avenues qui suivent vous aideront à faire fuir vos peurs pour mieux croquer dans la vie !

1. Vous n'êtes pas seul !

Avez-vous déjà constaté qu'une personne que vous croyiez sans peur avait, elle aussi, des doutes ? Tout le monde partage un certain nombre de peurs. Il est souvent salvateur de prendre conscience que nous ne sommes pas seuls devant nos incertitudes. Le premier pas vers la confiance est de savoir que tout le monde ne se sent pas toujours à la hauteur. Le *coach* de vie Stéphane Cordier précise que « si nos parents nous ont jugés lorsque nous étions

> La confiance ne permet pas de vivre sans peur. Elle aide à vivre en sachant que certaines choses sont plus importantes que la peur...

jeunes, il y a de bonnes chances pour que nous ayons intériorisé une perspective très critique à notre égard. Nous pouvons diminuer cette tension en constatant que nous sommes égaux aux autres et que tout le monde possède une valeur personnelle qui lui est propre ».

2. Développez vos connaissances et vos compétences.

Mais, au fait, de quoi avons-nous peur ? Nous craignons habituellement de ne pas être à la hauteur. Alors, quelle est la solution ? Si vous investissez du temps et des efforts pour augmenter vos compétences, vous saurez comment résoudre un plus grand éventail de problèmes. Vous saurez mieux faire face à l'imprévu ! Vous pouvez aussi imiter les personnes qui ont appris à surmonter leurs peurs. Ces personnes affrontent les difficultés en capitalisant sur leur potentiel, sans douter

> « Si vous avez confiance en vous-même, vous inspirerez confiance aux autres. »
> — Johann Wolfgang von Goethe

ou se poser une infinité de questions. C'est ainsi qu'elles apprennent le plus tout en renforçant la confiance en elles-mêmes.

3. Dépersonnalisez.

Les personnes qui craignent le moins d'avancer dans la vie savent identifier leur responsabilité réelle dans la plupart des situations. Si vous n'interprétez pas les événements contre vous-même, vous ferez plus aisément la distinction entre une incapacité de votre part et une malchance ou une erreur de la part des autres. Stéphane Cordier ajoute : « Lorsque nous élargissons notre manière d'interpréter les événements, nous sommes en mesure de donner moins de crédit aux critiques injustes que nous nous adressons. Cet outil psychologique se nomme

> Le courage se cache dans le moindre acte, la moindre pensée qui nous demande d'aller un peu plus loin que notre nature nous y aurait naturellement portés.

le recadrage. » Un excellent moyen de diminuer les cris de la petite voix intérieure, dont je vous parlerai en détail plus loin dans le livre (p.144).

4. N'ayez pas peur de l'exclusion.

L'une de nos plus grandes peurs est celle de déplaire ou d'être rejetés. Toutefois, posez-vous la question. Avez-vous apprécié toutes les personnes que vous avez rencontrées dans votre vie ? Probablement pas. Même les vedettes de cinéma ont leurs détracteurs. Il est donc absolument normal, voire banal, que nous ne soyons pas aimés de toutes les personnes que nous rencontrons. Si vous acceptez cette réalité, vous vous soulagerez de la crainte d'être rejeté. Et pourquoi devez-vous autant apprendre à affronter le rejet si vous voulez faire fuir vos peurs ? Parce que plus vous vous affirmerez et plus de gens vous connaîtront : certains vous aimeront tandis que d'autres vous rejetteront. C'est une question mathématique...

5. Ne vous concentrez pas toujours sur vous-même.

Plus vous vous concentrez sur vous-même et plus vous risquez de voir des difficultés partout ! Ne parlez pas sans arrêt de vous-même et de vos doutes. Si vous avez peur d'échouer et que vous pensez constamment à cette éventualité, vous pouvez être sûr que la peur vous aidera à échouer. Au contraire, focalisez sur vos ressources dans une perspective large qui ne ramène pas tout à vos insuffisances. Vous verrez ainsi croître la confiance et les résultats !

> « Le vrai courage, ce n'est pas de ne pas avoir peur, mais de savoir affronter sa peur. »
> — Osho

5. Utilisez vos peurs comme un levier.

Carl Gustav Jung disait : « Trouvez ce dont une personne a le plus peur et vous saurez de quoi sera faite la prochaine étape de sa croissance. » Vouloir vivre une vie sans peur est un objectif impossible. Par contre, si vous voyez vos peurs différemment, vous pouvez les utiliser comme un levier ! Votre confiance augmente lorsque vous acquérez la conviction que vous pouvez réussir. Chaque peur que vous affrontez est l'occasion de vous convaincre que vous avez les capacités de réussir. Vous pouvez faire reculer un grand nombre de peurs de cette manière. Le *coach* de vie Stéphane Cordier précise : « Nous possédons

Sans courage, même la sagesse ne nous permet pas d'apprendre toute la richesse de ce que la vie nous réserve.

tous un côté lumière et un côté ombre. Ce dernier possède du pouvoir sur nous tant que nous n'en prenons pas conscience. La peur est un indice de ce qui se passe dans cette dimension sombre de notre être. Elle est comme un panneau qui indique le chemin à suivre pour mieux nous connaître. »

7. La confiance se nourrit d'elle-même, les peurs aussi...

Que se passe-t-il lorsqu'une personne s'affirme et démontre de la confiance ? Elle agit comme si elle n'avait pas peur et projette une image confiante d'elle-même. Cette attitude favorise une réponse positive de la part des autres. Elle suscite leur ouverture et leur aide, ce qui entraîne le succès de vos initiatives. Il s'agit des « prédictions qui se réalisent d'elles-mêmes » (*self-fulfilling prophecies*), une notion abondamment étudiée en psychologie. En d'autres mots, plus vous croyez en vous-même et plus les gens et les événements vous répondront favorablement. Par contre, l'effet inverse se produit avec les peurs. Alors, il vaut mieux bien choisir quelle partie de nous-mêmes nous préférons développer !

Des stratégies pour augmenter la confiance

Des stratégies vous aident à vous impliquer personnellement dans l'affirmation de votre confiance. Ces stratégies dépendent essentiellement de l'implication que vous avez à vous réaliser et de votre conviction à réussir. Elles dépendent aussi de vos actions concrètes et de votre capacité à apprendre de chacune de vos initiatives pour résoudre des problèmes, sortir des impasses et affronter vos peurs.

Voici de quelle manière je pourrais résumer cette vision des choses. Croyez-vous que vous pouvez améliorer votre confiance de un pour cent d'ici une semaine ? Globalement, ce que je veux illustrer par cette question, c'est que vous pouvez augmenter votre confiance chaque jour, **pour le reste de votre vie !** Et comment pouvez-vous réussir un tel exploit ? En faisant des efforts à travers les dimensions suivantes :

- en améliorant continuellement vos aptitudes et vos apprentissages ;

- en définissant des objectifs clairs et précis ;

- en réalisant des activités qui sont vraiment importantes pour vous, mais qui vous font peur (passer à l'action).

Si vous appliquez ces stratégies dès maintenant, à la fin de l'année vous aurez augmenté votre confiance de plus de 50 % par rapport à votre situation actuelle (évidemment, j'utilise le pourcentage de manière à illustrer quelque chose qui ne se mesure pas, la confiance). Et ces améliorations se poursuivront pendant les prochaines années !

À mesure que vous aurez le courage et la détermination de faire les choses autrement, de rêver et d'améliorer votre vie, vous serez plus heureux et votre motivation augmentera chaque jour. C'est la raison pour laquelle votre confiance augmentera proportionnellement.

Des suggestions pour aller plus loin

- Kate Burton, Brinley Platts et Christophe Billon, *La confiance en soi pour les nuls*, Éditions Générales First, 2008, 273 p.

- Stéphane Cordier, *coach* de vie et conférencier, www.coach-dp.com.

- Susan Jeffers, *Tremblez mais osez !*, Marabout, 2001, 223 p.

Est-ce que je permets au stress et à la pression de m'empoisonner la vie ?

« Les hommes pratiquent le stress comme si c'était un sport. »
— MADELEINE FERRON

Vivez-vous du stress ? Un peu, beaucoup, passionnément, à la folie… La quête d'une certaine vision de la réussite et de la performance nous fait souvent brûler la chandelle par les deux bouts. Et les sources de stress se multiplient sans cesse ! Pour vous accomplir vraiment, il n'est pas nécessaire de tout faire ni de tout avoir. L'important est d'avoir recours à vos forces, à travers lesquelles vous avancez dans la direction que vous désirez. C'est pourquoi la *qualité* de la vie est aussi importante. Voici huit astuces pour vaincre votre stress, cet ennemi quotidien !

Se noyer dans le flot effréné de la vie

Éprouvez-vous de l'insatisfaction à votre travail et dans votre vie personnelle ? Vous sentez-vous étouffé par votre quotidien au point de ressentir un véritable inconfort ? C'est que le rythme de notre époque engendre une véritable épidémie de stress !

À la base, le stress est bon. Il est une réaction normale du corps devant un danger ou une agression. Le stress augmente le niveau d'énergie et permet de faire face à des situations difficiles. Cela dit, si le stress était utile à nos ancêtres lorsqu'ils combattaient des fauves, il ne joue plus le même rôle aujourd'hui. Notre vie est très rarement en danger et pourtant les situations anxiogènes se multiplient.

Selon Statistique Canada, près de 30 % des gens ressentent un stress *intense* au travail. Le stress détériore les relations interpersonnelles, alimente l'agressivité et l'insomnie, diminue la productivité et favorise la dépression. Il dégrade les capacités d'action du système immunitaire. Il est également l'une des causes majeures d'absentéisme au travail. Bref, il nuit lourdement à la qualité de vie !

Voici quelques sources de stress :

- *L'accumulation (de travail, de privation de sommeil, d'émotions négatives, etc.).*

- *Les relations interpersonnelles, à travers les conflits et les problèmes de communication.*

- *L'anticipation : toutes nos peurs, celles qui sont réalistes, mais surtout celles qui ne le sont pas !*

- *Des attentes irréalistes de la part de soi-même ou des autres…*

- *Le pessimisme : ne pas voir la fin d'une situation difficile, par exemple.*

TEST

Quel degré de stress vivez-vous ?

Le bien-être ne peut être acheté, donné ou gagné. C'est un état d'esprit qui s'apprend à travers l'ouverture et l'émerveillement.

Avez-vous mille et une choses à faire demain ? Vous sentez-vous comme dans un autocuiseur tant la pression est grande ? Votre vie est-elle un long fleuve tranquille ou vous dirigez-vous vers les chutes du Niagara à bord d'un tonneau ? Le stress et l'épuisement professionnel sont deux plaies de notre société et accompagnent les charges de travail trop lourdes, les heures qui s'allongent interminablement, le manque de sommeil et le désir d'avoir une vie parfaite.

De plus en plus de personnes tombent sous les assauts répétés du stress... et vous n'avez pas envie d'être sur sa liste ! Le stress est une réaction naturelle de notre corps à la perception d'un danger, ce qui peut nous aider à faire face à différentes difficultés ou, au contraire, nous faire vivre l'enfer de l'épuisement. Ce test vise à savoir si vous avez des prédispositions à vivre un degré élevé de stress. Puisque vous êtes la même personne dans votre milieu de travail et dans les autres facettes de votre vie, ce test vous donne une idée générale du stress que vous vivez.

Prétest

Avant de faire le test, il serait intéressant de voir à quel point vous avez de la facilité à connaître intuitivement le degré général de stress que vous éprouvez. Sur 10 (1 étant un état de tranquillité parfait et 10 étant un niveau de stress explosif), indiquez quel est le degré de stress moyen que vous vivez.

Degré de stress de 1 à 10 : _____

Maintenant, lisez avec attention chacun des énoncés suivants et indiquez à quel point vous êtes d'accord. Si vous trouvez que certaines questions ne décrivent pas des situations que vous vivez, ne répondez pas et retranchez trois points au chiffre présenté dans l'interprétation de la fin pour chaque question à laquelle vous n'aurez pas répondu :

*   Mes relations interpersonnelles en général ou mes collègues de travail me drainent beaucoup d'énergie.
    1. D'accord
    2. Peut être vrai ou faux (neutre)
    3. En désaccord

*   Mes attentes envers moi-même sont très élevées et j'attends beaucoup de la vie.
    1. D'accord
    2. Peut être vrai ou faux (neutre)
    3. En désaccord

- Il me manque souvent d'énergie pour terminer tout ce que j'ai à faire.
  1. D'accord
  2. Peut être vrai ou faux (neutre)
  3. En désaccord

- Lorsque je pense à mes responsabilités, je me sens surchargé.
  1. D'accord
  2. Peut être vrai ou faux (neutre)
  3. En désaccord

- Je ressens une oppression ou de la rigidité dans mon dos et mes épaules.
  1. D'accord
  2. Peut être vrai ou faux (neutre)
  3. En désaccord

- Je ne trouve pas mon emploi particulièrement intéressant.
  1. D'accord
  2. Peut être vrai ou faux (neutre)
  3. En désaccord

- J'attrape souvent différentes maladies pendant l'année (rhume, sinusite, etc.).
  1. D'accord
  2. Peut être vrai ou faux (neutre)
  3. En désaccord

- Je porte beaucoup d'attention à la qualité de mon travail qui doit être très élevée.
  1. D'accord
  2. Peut être vrai ou faux (neutre)
  3. En désaccord

- Je sens que ce que je fais au travail n'apporte pas d'amélioration marquante.
  1. D'accord
  2. Peut être vrai ou faux (neutre)
  3. En désaccord

- À la fin de mes journées, je me sens « vidé » émotionnellement.
  1. D'accord
  2. Peut être vrai ou faux (neutre)
  3. En désaccord

- Je trouve que les gens sont compliqués.
  1. D'accord
  2. Peut être vrai ou faux (neutre)
  3. En désaccord

- Je manque souvent de motivation et d'enthousiasme pour donner le meilleur de moi-même.
  1. D'accord
  2. Peut être vrai ou faux (neutre)
  3. En désaccord

- J'ai de la difficulté à porter attention aux besoins des autres.
  1. D'accord
  2. Peut être vrai ou faux (neutre)
  3. En désaccord

- Je sens que mes collègues ou mon supérieur hiérarchique entretiennent des attentes irréalistes à propos de ce que je peux faire au travail.
  1. D'accord
  2. Peut être vrai ou faux (neutre)
  3. En désaccord

- Je souffre souvent de maux de tête.
  1. D'accord
  2. Peut être vrai ou faux (neutre)
  3. En désaccord

- Le simple fait de songer à tout ce que j'ai à faire me fatigue...
  1. D'accord
  2. Peut être vrai ou faux (neutre)
  3. En désaccord

- J'ai souvent de la difficulté à m'endormir lorsque je me couche, et lorsque je me réveille, je ne me rendors plus.
  1. D'accord
  2. Peut être vrai ou faux (neutre)
  3. En désaccord

- Pendant la journée, il y a des moments où j'ai envie de pleurer.
  1. D'accord
  2. Peut être vrai ou faux (neutre)
  3. En désaccord

- Ma pression sanguine est plus élevée que la moyenne.
  1. D'accord
  2. Peut être vrai ou faux (neutre)
  3. En désaccord

- Je grince des dents durant mon sommeil.
  1. D'accord
  2. Peut être vrai ou faux (neutre)
  3. En désaccord

- J'oublie souvent des détails et je suis trop occupé pour bien gérer mon temps.
  1. D'accord
  2. Peut être vrai ou faux (neutre)
  3. En désaccord

- Je sens parfois que j'ai le souffle court.
  1. D'accord
  2. Peut être vrai ou faux (neutre)
  3. En désaccord

- Je crois que je travaille beaucoup trop, car je n'ai pas assez de temps à consacrer à des activités relaxantes.
  1. D'accord
  2. Peut être vrai ou faux (neutre)
  3. En désaccord

- J'ai souvent des dérangements gastro-intestinaux (acidité gastrique, diarrhée, etc.).
  1. D'accord
  2. Peut être vrai ou faux (neutre)
  3. En désaccord

- L'impact émotionnel négatif que les événements de ma vie ou de mon travail ont sur moi est plus grand que ce que je suis capable de tolérer.
  1. D'accord
  2. Peut être vrai ou faux (neutre)
  3. En désaccord

Faites le total (additionnez les chiffres associés à vos réponses).

Votre résultat : _____

Interprétation

Plus le chiffre de votre résultat est élevé (de 25 à 75) et plus votre degré de stress est bas. Cela signifie que votre environnement de vie et de travail n'est pas trop stressant ou que vous avez développé d'excellentes stratégies pour bien gérer votre stress.

Échelle de comparaison par rapport à votre prétest sur 10

Si les deux résultats sont comparables, vous avez une très bonne conscience du degré de stress que vous vivez !

25 à 30 = 10	51 à 55 = 5
31 à 35 = 9	56 à 60 = 4
36 à 40 = 8	61 à 65 = 3
41 à 45 = 7	66 à 70 = 2
46 à 50 = 6	71 à 75 = 1

L'importance de gérer votre stress

Le psychiatre Serge Marquis a consacré une grande partie de sa carrière au stress. Il attribue l'augmentation du stress à une accélération sans précédent des rythmes de production dans l'histoire de l'humanité. Selon lui, il est primordial de contrôler le niveau de stress que nous vivons pour trois raisons principales : prévenir les problèmes de santé, reprendre le pouvoir sur sa vie et retrouver sa dignité.

En médecine, on dit qu'un bon diagnostic est la moitié du remède. Pour vous aider à gérer votre stress, pensez donc d'abord aux différents contextes dans lesquels vous en souffrez. Vous sentez-vous stressé lors d'occasions particulières, pendant ou après certains événements ? Ressentez-vous plus de stress en compagnie de certaines personnes ? Quelles pensées, quelles attentes, quelles responsabilités vous stressent le plus ? Le fait de bien identifier vos sources de stress vous aidera à fournir des efforts efficaces pour vous en soulager.

> « Le rendement d'un employé ne se mesure pas au stress qu'il subit. »
> — Olivier Sax

Huit astuces pour vaincre votre stress au quotidien

Des modifications parfois mineures à vos pensées et à vos habitudes peuvent diminuer de manière appréciable votre niveau de stress. Voici huit astuces (à appliquer dès maintenant !) qui vous aideront à terrasser cet ennemi quotidien :

1. Prenez un bon bol d'air !

N'hésitez pas à sortir de temps à autre pour vous libérer l'esprit et vous revivifier. Ne laissez pas la météo tempérer votre ardeur à sortir : cinq petites minutes peuvent faire toute la différence.

2. Respirez profondément.

Ce n'est pas tout de prendre un bol d'air. Encore faut-il respirer à fond ! Lorsque vous sentez le stress monter en vous, prenez trois grandes respirations et expirez lentement. Cela vous aidera à changer la perspective et à vous recentrer.

3. Maîtrisez votre colère.

Soyez à l'écoute des moments où vous sentez la moutarde vous monter au nez. Il nous arrive souvent de nous emporter à la suite de situations beaucoup moins importantes qu'il n'y paraît. La prochaine fois qu'une telle situation se produira, demandez-vous si cela vaut vraiment la peine de vivre un désagréable moment de stress et de colère. Le fait de vous entraîner à maîtriser vos émotions négatives est une bonne manière de réduire le stress.

4.   Fuyez la faim, la soif et la fatigue.

Une importante source de stress provient des conditions physiologiques dans lesquelles nous entretenons notre corps. La faim, la soif et la fatigue sont propres à exacerber le sentiment de stress et à entretenir l'agressivité.

5.   Complétez vos tâches une à la fois.

L'impression de surcharge occasionne beaucoup de stress. Si vous vous concentrez sur vos tâches une à la fois, vous verrez moins comme une montagne tout ce que vous avez à faire. Pour chaque nouvelle responsabilité que vous éliminerez, en plus du sentiment de satisfaction, vous vous sentirez soulagé. Un pas à la fois, c'est le meilleur moyen d'escalader une montagne !

6.   Qu'en est-il de votre posture ?

Une mauvaise posture procure souvent des tensions musculaires et des douleurs, ce qui augmente encore le stress...

> Le travail sera plaisir ou harassement. Le tout dépend de notre manière de le percevoir.

7.   Diminuez la cadence !

Le stress accélère tout en vous : votre rythme cardiaque, votre élocution, vos mouvements... Lorsque vous ressentez du stress, essayez de diminuer la cadence. Parlez moins vite et moins fort, diminuez la vitesse de vos mouvements. Cela vous aidera à réagir de manière plus calme aux situations anxiogènes.

8.   Réservez-vous des moments de ressourcement.

La vie est trépidante. Cependant, si vous ne vous arrêtez jamais, vous ne laisserez pas le temps à votre corps de relaxer. Réservez-vous un moment chaque jour pour vous ressourcer, pour relaxer. Prenez un bain, lisez un bon livre, faites de l'exercice. Ces moments agréables et leurs bienfaits vous aideront à faire face au stress du lendemain.

Voici un petit guide de survie au stress :

- *Enterrez la hache de guerre ! Le stress rend souvent fatigué et irritable. Il ne fournit donc pas le meilleur contexte pour aborder des problèmes épineux.*

- *Ralentissez votre cadence et lâchez prise : ce n'est pas à vous qu'incombent nécessairement toutes les responsabilités !*

- *Restez ouvert quant aux opinions et aux manières dont les événements se déroulent, cela vous évitera de vivre bien des déceptions et des différends.*

- *Planifiez vos activités à l'avance et n'oubliez pas d'y inclure des moments de repos.*

- *Entretenez toujours des attentes réalistes par rapport aux autres et aux événements. Il y a toujours de fortes chances pour que les choses se déroulent différemment de ce que vous avez prévu.*

- *Soyez reconnaissant envers les autres et envers la vie. La gratitude a fait ses preuves en tant que source de bonheur et de satisfaction !*

Des pistes pour approfondir le sujet

1. Notez votre degré de stress moyen quotidien sur dix pendant plusieurs jours et même plusieurs semaines. Cela favorisera l'autodiagnostic de votre stress.

2. Si vous souffrez de stress (note de 7 et plus) sur une base chronique, identifiez ses symptômes et ses causes.

3. Parmi les huit astuces proposées ci-dessus, choisissez-en au moins quatre que vous pouvez commencer à appliquer dès maintenant.

Des suggestions pour aller plus loin

- Anne-Françoise Chaperon et Marie-Édith Alouf, *100 réponses sur... le stress*, Nantes, Éditions Tournon, 2007, 129 p.

- Association canadienne pour la santé mentale (fournit différentes ressources très utiles pour vous aider). Consultez entre autres la section «Centre de soutien» au www.acsm.ca.

- Frédéric Chapelle et Benoît Monié, *Bon stress, mauvais stress : mode d'emploi*, Éditions Odile Jacob, 2007, 304 p.

> Le fait de vous concentrer sur vos faiblesses vous donne l'impression de perdre le contrôle et cela augmente votre niveau de stress. Le remède ? Concentrez-vous à changer ce que vous pouvez et lâchez prise sur ce qui se situe en dehors de votre contrôle.

Est-ce que je sais lâcher prise ?

« Lâcher prise ne signifie pas aller d'une déception à l'autre
dans l'espoir d'être enfin victorieux. »
— GUY FINLEY

*O*n croit souvent que le lâcher-prise consiste simplement à rester calme, à devenir zen. Cependant, le lâcher-prise, c'est beaucoup plus ! Il s'agit d'une véritable vision de la vie qui cultive le courage d'accepter le changement et de nous abandonner par rapport à ce que nous ne pouvons pas contrôler. C'est parfois en perdant quelque chose que nous gagnons beaucoup plus ! Je vous invite à découvrir comment appliquer le lâcher-prise à votre vie.

Le lâcher-prise consiste à modifier son regard sur le monde, à s'ouvrir à l'imprévu sans devoir se battre sans cesse. Le lâcher-prise rime aussi avec acceptation, pardon, et demande parfois de faire le deuil de ce à quoi l'on tient.

Il vous a probablement été donné de rencontrer des personnes qui dirigent continuellement leur colère contre des détails qui vous paraissent futiles. Ces personnes empoisonnent leur vie et entretiennent une inépuisable révolte intérieure qui tourmente leur entourage et les conduit à la solitude. Toutefois, une attitude aussi extrême n'est pas nécessaire pour s'emprisonner dans des pensées et des émotions destructrices. L'incapacité à accepter les événements procure de nombreuses souffrances et peut se poursuivre pendant toute une vie...

> Comme le parachutiste qui s'élance vers le ciel, le lâcher-prise est un véritable « acte de foi » dans la vie.

Cessez de vous préoccuper de ce que vous ne contrôlez pas

Pensez un moment à vos activités et à vos préoccupations. Vous constaterez que vous n'avez aucun contrôle sur plusieurs d'entre elles, alors que vous contrôlez directement d'autres activités, celles qui vous donnent des résultats. Par exemple, trop de personnes sont malheureuses parce qu'elles ressassent sans cesse leur passé. Peuvent-elles changer leur passé ? Malheureusement pas. Alors, pourquoi se torturer ainsi ? Ne vaut-il pas mieux consacrer cette énergie à construire un avenir radieux ?

Pour lâcher prise, vous devez donc vous concentrer systématiquement sur ce que vous pouvez changer. Vous dirigez alors votre énergie sur ce qui peut améliorer votre vie. Au contraire, si vous gaspillez votre énergie à vous préoccuper de choses que vous ne contrôlez pas, vous ne nourrirez que la frustration et le ressentiment. Par exemple, si vous vous contentez de relever les faiblesses des autres, de critiquer le moindre détail qui vous dérange, mais sur lequel vous n'avez aucune prise, vous nourrirez l'impression d'être une victime et vous laisserez de côté les occasions de construire votre vie.

Acceptez ce que vous ne pouvez pas changer

Nous nous révoltons par rapport à ce qui nous déplaît, à ce qui nous porte préjudice. Cette réaction est saine dans la mesure où elle nous aide à corriger la situation. Cependant, que se passe-t-il lorsque nous ne pouvons pas changer certaines choses ? Nous entretenons des comportements combatifs, exigeants émotionnellement, sans aucun résultat.

Par exemple, j'ai souvent eu l'occasion d'observer la difficulté à accepter des changements lorsqu'ils surviennent dans les organisations. Les personnes qui refusent les changements – un nouveau système informatique, de nouvelles méthodes de travail, de nouveaux collègues, etc. – s'enferment dans une manière de penser où ils ne font que se plaindre de ce qui leur arrive. Elles gaspillent leur énergie à se battre contre ce sur quoi elles n'ont aucun pouvoir. Au contraire, les personnes qui acceptent le changement s'intéressent à ce qu'elles peuvent changer dans la situation : leur attitude et leur manière de voir les choses. Elles concentrent leur énergie à apprendre et à s'habituer au nouveau contexte de travail.

Ainsi, lorsque nous acceptons, nous cessons de nous battre. Nous nous permettons de comprendre les événements et de les appivoiser.

> Lorsqu'il est difficile d'obtenir ce que nous aimons, il vaut parfois mieux accepter ce que nous aimons moins.

Les conséquences positives sont innombrables. L'anxiété, l'aigreur et la culpabilité diminuent. Le lâcher-prise nous aide à mieux nous connaître, à arrêter de nous juger trop sévèrement et de nous heurter continuellement à des situations que nous ne pouvons pas changer.

Le fait d'accepter aide à nous réapproprier des souvenirs pénibles sans que cela suscite de la tristesse ou de l'agressivité. Nous pouvons nous dire : « Je constate que je ne peux rien changer au passé : il est donc plus utile d'arrêter de me battre » ou « Je peux trouver des aspects positifs à travers mes désagréments ». Aussi, si Solange, qui est anxieuse, s'agite et anticipe négativement sa réaction en se disant : « Je ne dois pas être stressée ! », son anxiété augmentera. En fait, elle s'énervera de la simple possibilité de s'énerver...

Suivre sa voie grâce au lâcher-prise

L'auteur américain Guy Finley a merveilleusement enrichi la réflexion sur le lâcher-prise. Plus jeune, il a obtenu un grand succès dans sa carrière, mais cela ne suffisait pas à le rendre heureux. Il a compris que la vraie richesse de l'existence se trouve au-delà de la réussite matérielle. Voici quelques stratégies que Guy Finley suggère pour lâcher prise :

- Réalisez un objectif et dépassez vos limites personnelles.

- Éliminez le ressentiment.

- Cultivez l'intégrité et refusez de vous compromettre.

- Fuyez la tentation de blâmer les autres ou les événements, ce qui vous enlève du pouvoir sur votre vie.

- Détendez-vous et tâchez d'éliminer vos peurs.

> La peur et les inquiétudes travaillent contre vous. Laissez la joie et la simplicité couronner de succès chacun de vos efforts.

Comme Guy Finley, vous pouvez vous engager sur la voie de votre accomplissement personnel en cherchant votre mission, en trouvant le sens qui vous fera palpiter d'excitation. En apprenant à lâcher prise, vous vous donnerez les moyens de vivre en parfaite harmonie avec vous-même.

Voici sept manières de lâcher prise :

1.   Enrichissez votre vision du monde et sortez de vos habitudes.

Lâcher prise consiste à refuser les impératifs qui nous commandent d'être parfaits, de tout réussir, de toujours plaire aux autres, etc. Diminuez plutôt vos interdits et les conclusions qui limitent votre vie.

2.   Faites confiance aux autres.

Nous ne pouvons contrôler les actes ni les pensées des personnes que nous côtoyons. Ainsi, il vaut mieux accepter les autres comme ils sont plutôt que de vouloir les changer ou même les « sauver ». Si vous laissez les autres être eux-mêmes, grâce à votre confiance, ils répondront davantage à vos attentes.

3.   Cultivez l'ouverture et adaptez-vous au changement.

Nos croyances constituent parfois la pire des prisons. Plus notre vision des choses est définie de façon stricte et moins les événements et les gens y correspondent, ce qui suscite la tristesse et la frustration. Si vous valorisez l'adaptation, le changement deviendra synonyme de plaisir et de développement personnel.

4.   Libérez-vous de vos émotions négatives.

Certaines émotions nous empêchent d'accepter ce que nous ne pouvons pas changer : la haine, la rancune, le ressentiment, la vengeance... Prenez conscience du fait que ces émotions vous étouffent et n'apportent rien de constructif à votre vie. Vous n'avez du pouvoir que sur vous-même. Si vous pardonnez, vous éprouverez un sentiment libérateur !

5. Adaptez vos attentes aux événements et apprenez de l'échec.

Si vous entretenez des attentes trop élevées ou irréalistes envers les autres et envers la vie, vous risquez de vivre beaucoup de déceptions. Remplacez plutôt vos attentes par des préférences, remplacez vos «je dois» par «j'aimerais». Vous profiterez ainsi de chaque échec non pas pour pleurer, mais pour vous réjouir du nouvel apprentissage que vous aurez fait et qui vous rapprochera du succès. Notez que cette «modération» s'applique surtout aux impératifs absolus inutiles que nous nous obligeons souvent à suivre sans raison et qui ne nous apportent rien.

> La vie est trop courte pour la gaspiller à entretenir de vains tourments.

6. Ne restez pas enchaîné au passé.

Si vous ressassez sans cesse les souvenirs de vos échecs, de vos déceptions et de vos épreuves, il y a de fortes chances pour que votre ressentiment vous enchaîne au passé. Cette incapacité à lâcher prise ruine votre paix intérieure. Accepter votre passé est le meilleur moyen d'avancer vers votre avenir.

7. Cultivez une vision positive de vous-même.

Combien de fois refusons-nous de pardonner simplement par orgueil, parce que nous nous disons : «Ce n'est pas à moi à faire un effort !» Cette manière de penser entretient le souvenir et la douleur de l'offense et nous accroche au passé. Au contraire, chaque fois que vous pardonnez, vous le faites d'abord pour vous-même et non pour montrer aux autres une «force» que vous n'avez à prouver à personne. C'est la différence avec l'orgueil, qui consiste souvent à «montrer» aux autres que nous leur sommes supérieurs, le genre de preuve qui vise avant tout à nous convaincre de notre valeur personnelle dont nous seuls doutons…

> Le lâcher-prise consiste à cesser de nous torturer avec des situations que nous ne pouvons pas changer.

Une petite histoire pour réfléchir

Par un beau jour d'été, je marchais calmement dans un parc et je m'assis sur un banc public. C'est alors qu'un petit garçon et sa mère retinrent mon attention. Ce dernier tenait fermement dans sa petite main la corde qui retenait un gros ballon coloré gonflé à l'hélium. Tout à coup, un coup de vent tira sur la corde et le ballon s'envola vers le ciel. Sa réaction fut instantanée et me stupéfia : « Oh ! Regarde, maman, comme mon ballon vole ! » Ce jour-là, ce petit garçon m'apprit quelque chose de très utile. Peu importe ce qui nous arrive, c'est toujours notre façon de nous accrocher aux événements qui nous nuit le plus. Nous pouvons toujours trouver un côté constructif à ce qui nous arrive. Il s'agit parfois de changer juste un peu notre manière de voir les choses...

Des pistes pour approfondir le sujet

- Exercez-vous à distinguer les situations que vous contrôlez de celles que vous ne contrôlez pas.

- Prenez conscience du degré de ressentiment que vous vivez quant aux situations sur lesquelles vous n'avez aucun pouvoir.

- Quelles sont, parmi les sept manières de lâcher prise, celles qui vous conviennent le mieux ? Essayez-en une dès que l'occasion se présente.

- La prochaine fois que vous aurez de la difficulté à accepter une situation, demandez-vous si vous pouvez la changer. Si ce n'est pas le cas, rien ne sert de vous acharner, car vous vous acharnerez contre vous-même.

Des suggestions pour aller plus loin

- Guy Finley, *Lâcher prise – La clé de la transformation intérieure*, Éditions de l'Homme, 2003, 216 p.

- Rosette Poletti et Barbara Dobbs, *Accepter ce qui est*, Éditions Jouvence, 2005, 95 p.

Est-ce que je ris suffisamment?

« Rien n'est sérieux en ce bas monde que le rire. »
— GUSTAVE FLAUBERT

Pouvons-nous vraiment mourir de rire? Il semble que non. Au contraire, les vertus du rire sont nombreuses! Le rire multiplierait même les bienfaits pour la santé. J'aimerais vous faire découvrir comment la gaieté peut devenir une drogue aussi plaisante qu'indispensable pour que vous bénéficiiez d'une vie longue et heureuse.

Rigoler pour mieux vivre

Le rire est universel. Dès notre plus jeune âge, nous nous mettons à rire spontanément. Par contre, il semble que cette tendance à rire diminue une fois que nous sommes adultes[1]. Déjà, à la Renaissance, le médecin et écrivain français François Rabelais parlait des bienfaits du rire pour la santé. Les personnages de ses livres, Gargantua et Pantagruel,

> On se souvient toujours plus de ceux qui nous ont fait rire.

ont d'ailleurs fait office de cure par le rire avant la lettre... Depuis, de nombreuses études se sont penchées sur les vertus du rire. Pouvons-nous vraiment rigoler pour mieux vivre? Voici quelques constats qui vous raviront!

En avant les zygomatiques!

Utilisé à bon escient, le rire peut devenir un précieux allié pour améliorer la vie. Ce n'est donc pas surprenant qu'il soit perçu

> « La santé d'un individu est proportionnelle à la quantité de son rire. »
> — James Walsh

117

depuis aussi longtemps comme un véritable médicament naturel ! Le rire repose, diminue la déprime et libère des idées noires. Utilisé à bon escient, il est très utile dans les entreprises, notamment auprès des employés qui vivent du stress.

Line Bolduc est une conférencière qui se spécialise en « rigolothérapie », sujet sur lequel elle a écrit plusieurs livres. Selon elle, le rire est indissociable de la santé. « Il est à la fois un puissant agent antistress, un antidouleur et un excellent euphorisant naturel », dit-elle. Le rire est bénéfique autant pour la santé physique que mentale : « Il stimule le système immunitaire, énergise et procure un merveilleux massage à l'ensemble de notre corps », précise-t-elle.

Le rire est aussi utilisé en psychothérapie et dans les thérapies de groupe. Des clubs de rire sont même mis sur pied, comme le Club international de rire du Québec. Ces clubs promeuvent des techniques comme le « rire libre » ou le « yoga du rire ». Ces initiatives illustrent combien le rire est important pour garder l'équilibre !

QUELQUES BIENFAITS ATTRIBUABLES AU RIRE

- Réduction des sensations de douleur.

- Amélioration des fonctions cognitives.

- Renforcement du système immunitaire.

- Diminution du stress.

- Prévention des maladies cardiovasculaires.

- Joie de vivre.

Le rire, une véritable drogue ?

« Faire rire une femme, c'est la séduire », disait l'animateur de radio José Artur. C'est que le rire est une inépuisable source de plaisir. Une recherche publiée dans la revue scientifique *Neuron*[2] a même démontré que le rire reproduisait dans le cerveau le même effet que certaines drogues. Grâce à des appareils d'imagerie cérébrale par résonance magnétique, les chercheurs ont constaté que les « centres de récompense » du cerveau étaient sollicités et libéraient de la dopamine, un neurotransmetteur directement relié à la sensation de plaisir.

Des clowns à l'hôpital

Les vertus thérapeutiques du rire sont de plus en plus évidentes. L'acteur Groucho Marx disait d'ailleurs qu'un clown est comme une aspirine, mais qu'il agit deux fois plus vite. C'est ce qu'a aussi constaté le médecin américain Hunter « Patch » Adams, qui a souvent eu recours à la comédie pour soulager ses malades. Aujourd'hui, l'humour est d'une aide précieuse dans de nombreuses situations, notamment à l'hôpital. Par exemple, Dr Clown,

> Réapprenez à rire, car le rire est source de joie, de vie et de jeunesse.

un organisme de bienfaisance, s'est donné pour mission de promouvoir le rire. Ses gentils clowns visitent régulièrement les patients hospitalisés, particulièrement les enfants, pour les faire rire et améliorer ainsi leur qualité de vie. Cela dit, il ne faut pas attendre une visite à l'hôpital pour profiter des bienfaits du rire !

Riez pour votre santé !

Non, ce n'est pas une blague, il est vraiment recommandé aux cardiaques de rire *de bon cœur* ! En effet, le rire contribue à diminuer les risques de maladies cardiovasculaires. Pourquoi ? Parce que les cardiaques ont tendance à être sérieux et à vivre du stress. Si les médecins ne savent pas encore précisément pourquoi la bonne humeur protège le cœur, ils savent cependant que le stress et l'agressivité durable augmentent la pression sanguine et endommagent les vaisseaux sanguins. C'est pourquoi le rire devrait faire de plus en plus partie des outils de prévention des maladies cardiovasculaires. Il faut donc prendre le rire au sérieux !

> Sachez rire de vous-même et de la vie. Cette attitude vous aidera à surmonter toutes les difficultés !

Abusez de la bonne humeur !

Si vous désirez abuser de quelque chose, abusez donc de la bonne humeur ! Vous savez maintenant que le rire possède le pouvoir d'améliorer votre vie, de vous relaxer, de vous faire vivre du plaisir et même de diminuer les risques de certaines pathologies. Les personnes qui sont négatives se mettent souvent en colère. Elles ont moins d'espoir et vivent plus de solitude. Pourquoi ne pas vous concentrer sur le bon côté des choses ? Les personnes optimistes savent que leurs problèmes ne sont que passagers. Elles profitent naturellement de la vie !

> Changez votre regard et concentrez-vous sur ce qui vous rend heureux autour de vous plutôt que sur ce qui vous déprime.

Petit clin d'œil : si les humoristes ne sont pas toujours reconnus pour leurs idées, ils seront heureux d'apprendre qu'en plus de divertir, ils contribuent à prévenir de nombreuses maladies. Un point pour eux !

Des pistes pour approfondir le sujet

- Quel est votre degré de sérieux (1 étant le clown très triste et sérieux et 10 étant l'humoriste le plus accompli) ?

- Quelles situations dans votre vie vous semblent les plus dramatiques ? Comment pouvez-vous modifier votre manière de les voir pour les dédramatiser ?

Voici quelques suggestions pour rire davantage et avoir plus de plaisir :

- Distrayez-vous avec humour le plus souvent possible : choisissez les comédies à la télévision, lisez des livres drôles, allez voir un spectacle d'humour, etc.

- Fréquentez les amis qui vous font rire le plus.

- Concentrez-vous à identifier ce qui vous fait le plus rire dans différentes situations.

- Tournez en ridicule ce qui vous fait le plus peur. Par exemple, cherchez le côté comique et absurde de vos pensées angoissantes ; exagérez-les jusqu'à les rendre ridicules. Il n'y a rien de mieux pour leur enlever de l'importance.

- Développez votre capacité de rire de vous-même, cela vous aidera à voir les problèmes sous un nouveau jour.

- Nourrissez votre extraversion en soulignant les dimensions comiques dans vos relations avec les autres.

- Aiguisez votre regard d'enfant.

- Voyez les choses différemment (par exemple, Edison n'a pas échoué 1 000 fois avant d'inventer l'ampoule électrique : il a seulement trouvé 1 000 manières de ne pas faire une ampoule !).

- Pensez à la manière dont votre humoriste préféré réagirait.

- Concentrez-vous sur ce qui vous plaît.

- Mettez-vous au défi de retenir trois bonnes choses chaque jour (résultats, relations, idées, etc.).

- Ne soyez pas avare d'encouragements ni de remerciements.

- Prenez le temps de souligner et de célébrer les petits succès.

- Lâchez votre fou de temps à autre : il n'y a rien de mal à être le belligérant d'une bataille... d'oreillers.

Des suggestions pour aller plus loin

- Informations sur la relation entre le rire et la santé disponibles sur le site de l'École de rire au www.ecolederire.com/sante.htm.

- Line Bolduc, *Le mieux-être par le rire – Réveiller son médecin intérieur*, Éditions Quebecor, 3ᵉ édition.

- Site du club de rire international du Québec (www.clubderire quebec.com).

Est-ce que je communique avec les autres de façon harmonieuse?

*T*rop souvent, avec des collègues au travail ou avec les membres de notre famille, de simples dialogues tournent au vinaigre. Pourtant, de tels désaccords proviennent souvent d'un problème banal de communication. Pouvons-nous remédier à ces difficultés avant qu'elles ne se présentent? C'est le genre de petit miracle que la communication non violente vous aidera à réaliser!

Une manière plus saine de communiquer

La communication non violente (CNV) a été « développée » dans les années 1970 par Marshall B. Rosenberg, docteur en psychologie clinique de l'Université du Wisconsin. La CNV s'inspire aussi des travaux des psychologues Carl Rogers et Abraham Maslow ainsi que de l'*ahimsâ* (« non-nuisance »), un concept religieux qui renvoie notamment au mouvement de non-violence mis de l'avant par Gandhi.

Selon Marshall B. Rosenberg, la CNV favorise « une qualité de relations qui permet de répondre aux besoins des uns et des autres en étant uniquement motivé par l'élan du cœur et la joie de le faire ». Ainsi, communiquer n'est plus un acte banal, mais une manière privilégiée de tisser des relations respectueuses et durables avec nos semblables.

Valoriser le respect des différences

Michel Fize, sociologue au CNRS en France et auteur de nombreux ouvrages, s'intéresse à la CNV depuis plusieurs années. Selon lui, tout échange entre deux ou plusieurs personnes risque de souligner des différences. Or, c'est souvent la perception de ces différences qui suscite la violence.

> « La communication s'inscrit dans la dynamique même de la démocratie, c'est-à-dire le dialogue et la capacité d'affronter des idées de manière paisible et constructive. »
> — Michel Fize

« Pour communiquer de manière non violente, nous devons d'abord valoriser l'amour et le respect d'autrui. Nous pouvons accepter l'autre dans tout ce qu'il est, même s'il est singulièrement différent de ce que nous sommes, dit-il. La non-violence sur le plan de la communication doit être un désir. Elle permet d'accepter de ne pas être en accord avec l'autre sans lui imposer notre volonté ; elle consiste à refuser la domination, même si l'autre résiste à ce que nous sommes », ajoute-t-il.

La CNV suppose d'être à armes égales lorsque nous formulons des mots et des pensées, car la violence devient trop souvent la « solution » lorsque nous sommes incapables d'argumenter. C'est la raison pour laquelle, selon Michel Fize, nous devons d'abord prendre le temps de connaître les autres pour les comprendre : « Ce n'est que lorsque nous avons compris toute la richesse de l'autre que nous pouvons espérer communiquer. » C'est la raison pour laquelle il recommande que l'on enseigne à échanger les idées et à argumenter dès l'enfance.

Développer sa bienveillance

> « La communication non violente consiste à s'exprimer sincèrement et clairement, en portant sur l'autre un regard empreint de respect et d'empathie. »
> — Marshall Rosenberg

La bienveillance consiste à éprouver un sentiment de bonté et d'ouverture à l'égard des autres. Elle va de pair avec l'empathie et contribue à pacifier les relations. La CNV suppose qu'avant de communiquer, notre état d'esprit soit paisible et que nous désirions établir des relations saines. Ainsi, au lieu de parler machinalement, sans véritablement porter attention à l'autre, nous choisissons les mots et le ton que nous employons avec attention, en prenant conscience des besoins et des émotions que chacun vit. La CNV permet ainsi d'être réellement attentif à l'autre et à nous-mêmes dans les relations.

Les quatre étapes de la CNV

La CNV se décompose en quatre étapes. Chacune d'elles est très importante et vient compléter les autres. Prenez le temps de vous familiariser avec elles et votre communication en sera transformée :

1. L'observation

La première étape est celle de l'observation de la situation de communication. Elle peut se résumer ainsi : j'observe un comportement qui nuit à mon bien-être. Pour mieux comprendre, voici un exemple. Imaginez un préposé au service à la clientèle qui répond à un client exigeant au sujet d'un crédit qu'il ne peut obtenir... et ce client devient agressif. Le préposé lui répond : « Vous pouvez me parler de manière respectueuse, tout comme je le fais, car je n'y suis pour rien dans ce qui vous arrive. » À cette étape, attention aux messages non verbaux (soupirs, intonation de voix) : le but est de rester près de la réalité « objective » (des faits).

2. Les sentiments

Dans cette seconde étape, vous vous interrogez sur votre état émotionnel relié à la situation et vous exprimez vos sentiments. Reprenons notre exemple. Le préposé ajoute : « Je me sens en colère, moi aussi, car je n'aime pas me faire répondre comme cela... » Commencez la phrase par « je » afin de prendre la responsabilité de ce que vous vivez et de l'indiquer clairement.

3. Le besoin

La troisième étape consiste à cerner les besoins, les désirs et les valeurs qui ont éveillé les sentiments chez vous-même ou chez votre interlocuteur. Elle permet aussi d'exprimer le désir de communiquer de manière non violente : « Nous ne pouvons pas éliminer votre situation désagréable, mais le fait de parler respectueusement nous simplifierait la vie à tous les deux. » Soyez à l'écoute de vos besoins et de ceux des autres qui sont à l'origine de la situation problématique.

4. La demande

La dernière étape consiste à demander à l'autre de contribuer au bien-être mutuel dans la relation. Elle permet de renforcer le « pacte de CNV ». Vous pourriez dire : « Si vous êtes d'accord, nous nous adresserons l'un à l'autre avec respect à l'avenir. Cela évitera de rendre encore plus désagréable une situation qui l'est déjà pour vous, j'en suis bien conscient. » Notez les derniers mots du préposé qui soulignent son empathie envers le client.

ÉTUDES DE CAS

Bien communiquer avec les autres

Voici une liste de situations à travers lesquelles une personne peut bien communiquer avec les autres ou, au contraire, très mal communiquer et favoriser les conflits. Pour chacune de ces situations, notez ce que ferait une personne si elle communique bien, en utilisant notamment la CNV :

1. Les autres répètent souvent à Marie qu'elle possède certains défauts sur lesquels elle gagnerait à travailler. Lorsque les gens lui font ces critiques constructives, elle ne peut s'empêcher de ressentir un malaise, comme si les autres l'attaquaient. Cela dit, Marie valorise aussi l'amélioration personnelle.

    Que fait Marie pour améliorer sa communication et ses rapports avec les autres ?

2. Éric est d'un naturel « rationnel ». Chaque fois que les autres lui exposent leurs problèmes et leurs émotions, il ne fait que leur adresser ses conseils. Les autres sentent qu'Éric ne les écoute pas vraiment.

   Que fait Éric pour améliorer sa communication et ses relations avec les autres ?

---

3. Francine est une femme introvertie. Elle n'aime pas les discussions, parle peu, ne donne guère son opinion et, par-dessus tout, elle a peur des conflits. Elle se sent souvent frustrée de ne pas exprimer davantage qui elle est et les autres ne semblent pas se préoccuper tellement de sa personne et comprennent souvent mal ce qu'elle veut dire.

   Que peut faire Francine pour améliorer sa communication et ses relations avec les autres ?

Quelles seront les pensées et les réactions de Francine si elle maintient son *statu quo* ?

_____

_____

_____

_____

_____

_____

_____

Des suggestions pour aller plus loin

- Marshall B. Rosenberg, *Les mots sont des fenêtres (ou bien ce sont des murs) – Introduction à la communication non violente*, Éditions La Découverte, 2004, 259 p.

- Michel Fize, *Faites l'humour, pas la gueule*, Éditions de l'Homme, 2009, 155 p.

- Sites www.nvc-europe.org et www.cnvsuisse.ch.

Est-ce que je maîtrise mon temps ?

« Nous avons inventé la vitesse et nous tournons en rond ! »
— CHARLIE CHAPLIN

*P*ar le passé, on croyait que les années 2000 seraient celles des loisirs. Au lieu de nous libérer du travail, le rythme trépidant de la société et la technologie ont augmenté la concurrence et la quantité d'informations que nous devons gérer. Êtes-vous étouffé par le temps ? Vous n'arrivez pas toujours à faire face à vos obligations ? Pour réussir ce que vous désirez, la gestion du temps est une excellente habitude à développer.

Le temps, une ressource non renouvelable

Le temps est une ressource limitée, car chaque minute qui passe ne revient jamais ! Nous n'avons jamais été aussi productifs, mais il n'a jamais été aussi important de savoir bien gérer notre temps et nos activités.

La gestion du temps et des priorités soulève deux enjeux distincts : nous aider à nous sentir bien et nous permettre d'obtenir plus de résultats. Or, nous nous laissons souvent emporter par le flot des événements. Conséquence ? Nous n'avons jamais assez de temps pour faire tout ce que nous voulons. Existe-t-il des manières

> Soyez à l'affût de tous les « je dois » que vous vous obligez à faire. Ils alourdissent votre vie et restreignent votre vision.

d'«économiser» ce précieux temps pour mieux en profiter ? Bien sûr !
Mais, avant tout, passons au diagnostic.

TEST

Avez-vous des aptitudes à bien gérer votre temps ?

Êtes-vous continuellement en train de vous battre avec les échéances ?
Avez-vous de la difficulté à dire non et à déléguer ? Avez-vous tendance à
remettre au lendemain ce que vous pouvez faire aujourd'hui ? Nous
gagnons tous à améliorer la manière dont nous gérons notre temps. La
gestion du temps est propre à faire diminuer le niveau de stress et à
rendre les maux de tête plus rares !

Lisez avec attention chacun des énoncés qui suivent et indiquez à
quel degré il s'applique à vous. Comme lors des autres tests, si vous
sentez que certaines questions ne sont pas pertinentes et ne décrivent
pas des situations que vous vivez, ne répondez pas et retranchez cinq
points au chiffre présenté dans l'interprétation pour chaque question à
laquelle vous n'aurez pas répondu :

* J'arrive à l'heure à mes rendez-vous et aux réunions.
  1. Vrai
  2. Généralement vrai
  3. Parfois vrai ou faux (neutre)
  4. Généralement faux
  5. Faux

* Je fais tout ce que je peux pour compléter ma liste de choses à
  faire (*to do list*).
  1. Vrai
  2. Généralement vrai
  3. Parfois vrai ou faux (neutre)
  4. Généralement faux
  5. Faux

* Si des collègues me dérangent (s'ils parlent fort, par exemple), je
  suis capable de prendre les mesures nécessaires pour ne pas nuire
  à mon travail (fermer la porte, leur demander de baisser le ton,
  etc.).

1. Vrai
2. Généralement vrai
3. Parfois vrai ou faux (neutre)
4. Généralement faux
5. Faux

- Si une personne m'appelle au moment où je suis en train de faire quelque chose d'important, je n'ai aucun problème à demander de rappeler plus tard.
  1. Vrai
  2. Généralement vrai
  3. Parfois vrai ou faux (neutre)
  4. Généralement faux
  5. Faux

- Lorsque cela est possible, j'organise mon horaire de manière à réaliser ce qui me demande le plus de concentration aux moments de la journée où j'ai le plus d'énergie.
  1. Vrai
  2. Généralement vrai
  3. Parfois vrai ou faux (neutre)
  4. Généralement faux
  5. Faux

- Je suis capable de le dire aux autres lorsque je n'ai pas le temps d'acquiescer à leurs demandes.
  1. Vrai
  2. Généralement vrai
  3. Parfois vrai ou faux (neutre)
  4. Généralement faux
  5. Faux

- J'ai l'habitude de combiner les tâches qui se ressemblent pour les réaliser plus facilement et plus rapidement (rendre des appels et répondre à mes courriels, par exemple).
  1. Vrai
  2. Généralement vrai
  3. Parfois vrai ou faux (neutre)
  4. Généralement faux
  5. Faux

- Je réussis habituellement à terminer ce que j'ai à faire avant que les échéances arrivent.
  1. Vrai
  2. Généralement vrai
  3. Parfois vrai ou faux (neutre)
  4. Généralement faux
  5. Faux

- Quand je suis débordé, je fais ce que je peux pour déléguer ce qui est possible à d'autres.
  1. Vrai
  2. Généralement vrai
  3. Parfois vrai ou faux (neutre)
  4. Généralement faux
  5. Faux

- Quand je sens que je suis exténué, je suis capable de prendre une pause pour me recentrer.
  1. Vrai
  2. Généralement vrai
  3. Parfois vrai ou faux (neutre)
  4. Généralement faux
  5. Faux

- Lorsque j'ai des temps morts (en attente au téléphone ou dans les transports en commun, par exemple), j'utilise ces occasions pour prendre de l'avance dans ce que j'ai à faire.
  1. Vrai
  2. Généralement vrai
  3. Parfois vrai ou faux (neutre)
  4. Généralement faux
  5. Faux

- Je n'accepte pas plus de travail ou de responsabilités que je ne suis capable d'en prendre (je connais mes limites et je suis capable de les exprimer).
  1. Vrai
  2. Généralement vrai
  3. Parfois vrai ou faux (neutre)
  4. Généralement faux
  5. Faux

• Je reste centré sur ce que je fais et je ne saute pas d'une tâche à l'autre (*multitasking*).
  1. Vrai
  2. Généralement vrai
  3. Parfois vrai ou faux (neutre)
  4. Généralement faux
  5. Faux

• Je suis capable de faire quelque chose jusqu'au bout, même si c'est ennuyant.
  1. Vrai
  2. Généralement vrai
  3. Parfois vrai ou faux (neutre)
  4. Généralement faux
  5. Faux

• Mon environnement est propice à l'efficacité (organisation de mon bureau, tranquillité, etc.).
  1. Vrai
  2. Généralement vrai
  3. Parfois vrai ou faux (neutre)
  4. Généralement faux
  5. Faux

• J'utilise une ou plusieurs méthodes (logiciel ou papier) pour garder une trace de ce que j'ai à faire (listes, par exemple).
  1. Vrai
  2. Généralement vrai
  3. Parfois vrai ou faux (neutre)
  4. Généralement faux
  5. Faux

• Je fais savoir aux autres lorsque je suis très occupé pour ne pas être dérangé.
  1. Vrai
  2. Généralement vrai
  3. Parfois vrai ou faux (neutre)
  4. Généralement faux
  5. Faux

- Je suis capable de me donner moi-même des échéanciers par rapport à ce que je fais.
  1. Vrai
  2. Généralement vrai
  3. Parfois vrai ou faux (neutre)
  4. Généralement faux
  5. Faux

- Je range mes choses (crayons, agenda, clés, etc.) toujours au même endroit pour les retrouver facilement.
  1. Vrai
  2. Généralement vrai
  3. Parfois vrai ou faux (neutre)
  4. Généralement faux
  5. Faux

- Je me consacre aux tâches les plus importantes lorsque j'ai beaucoup de travail.
  1. Vrai
  2. Généralement vrai
  3. Parfois vrai ou faux (neutre)
  4. Généralement faux
  5. Faux

- J'évalue facilement le temps que je prends pour terminer différentes tâches.
  1. Vrai
  2. Généralement vrai
  3. Parfois vrai ou faux (neutre)
  4. Généralement faux
  5. Faux

- Pour éviter de ne voir que la montagne et me décourager, je morcelle ce que j'ai à faire en étapes et en actions plus petites.
  1. Vrai
  2. Généralement vrai
  3. Parfois vrai ou faux (neutre)
  4. Généralement faux
  5. Faux

- Je suis ouvert à changer mes manières de travailler si je crois qu'une nouvelle méthode est plus efficace.
  1. Vrai
  2. Généralement vrai
  3. Parfois vrai ou faux (neutre)
  4. Généralement faux
  5. Faux

- J'ai constamment en tête la liste de tout ce que j'ai à faire dans la journée et j'ai une vue d'ensemble des projets que j'ai à réaliser.
  1. Vrai
  2. Généralement vrai
  3. Parfois vrai ou faux (neutre)
  4. Généralement faux
  5. Faux

- Je n'attends jamais à la dernière minute pour faire quelque chose.
  1. Vrai
  2. Généralement vrai
  3. Parfois vrai ou faux (neutre)
  4. Généralement faux
  5. Faux

Faites le total (additionnez les chiffres associés à chacune des réponses).

Votre résultat : _____

Interprétation

Plus le chiffre de votre résultat est bas (à partir de 25) et plus vous disposez déjà des habitudes et des aptitudes à bien gérer votre temps à travers différentes situations. Si le chiffre de votre résultat est élevé (jusqu'à 125), cela indique que votre niveau de productivité peut être amélioré.

Améliorez vos aptitudes à bien gérer votre temps

Joël de Rosnay, auteur, scientifique et directeur d'une société de veille stratégique, a beaucoup réfléchi à la gestion du temps. Il nous suggère d'abord de ne pas réagir à chaud aux crises de manière à ne pas amplifier inutilement leurs effets et à perdre ensuite du temps à régler de nouveaux problèmes. Il rappelle aussi les effets de la loi de Parkinson (il ne s'agit pas de la maladie) : le travail tend à s'étendre de manière à occuper tout le temps disponible pour l'achever. Par exemple, vous consacrerez inconsciemment plus de temps à ce que vous faites en début de journée, lorsque beaucoup de temps est disponible, qu'en fin de journée. Autrement dit, il vaut mieux se consacrer à travailler assidûment à ses tâches pour éviter que leur réalisation « enfle » déraisonnablement !

Voici d'autres stratégies qui vous aideront à bien gérer votre temps pour diminuer votre niveau de stress et augmenter vos résultats :

1.   Faites les choses dans le bon ordre !

Avez-vous déjà mis la charrue avant les bœufs ? Cette maxime illustre combien il peut être improductif de travailler sans nous préoccuper de l'ordre des activités qui fournissent nos résultats. Une activité favorise-t-elle les résultats d'une autre activité ? L'ordre fait parfois toute la différence !

2.   Une chose à la fois.

Nous oublions parfois que nos capacités sont limitées… Vous ne pouvez résister à l'envie de consulter vos courriels à mesure qu'ils entrent ? Chaque fois que vous changez d'activité, vous devez vous souvenir de ce que vous faisiez auparavant, et cette mise à jour vous fait perdre du temps. Un truc ? Groupez les activités qui se ressemblent. Vous minimiserez ainsi les chances de faire des erreurs ou d'oublier de faire quelque chose d'important.

> Il est possible de faire moins d'activités, mais de profiter davantage de chacune d'elles.

3. La rigueur et l'organisation sont de mise.

À travers vos activités, rappelez-vous que le plus important n'est pas la quantité de travail, mais la manière dont vous travaillez qui fournit le plus de résultats. Si vous prenez un certain temps au début de chaque activité pour vous assurer que vous consacrez votre énergie au bon endroit, vous perdrez moins de temps par la suite et vous éviterez les erreurs qui vous obligeraient à recommencer.

4. Éliminez la procrastination.

Vous arrive-t-il de multiplier les petites activités inutiles de manière à éviter de faire une tâche importante qui vous plaît moins ? Tel que mentionné précédemment, rien ne gaspille plus de temps que la procrastination. Une stratégie pour contrer cette malheureuse habitude ? Commencez toujours par les activités importantes qui vous plaisent le moins. Plus vite vous les aurez éliminées et plus vous serez fier de vous. Vous pourrez ensuite consacrer du temps à ce qui vous plaît davantage. Plus facile à dire qu'à faire, me direz-vous ? Vous avez raison. Toutefois, plus vous prendrez cette bonne habitude et plus vous vous habituerez à affronter ce que vous n'aimez pas faire. Ce qui était rébarbatif auparavant ne le sera plus autant !

> Saviez-vous que le perfectionnisme est une attitude pernicieuse très répandue qui interfère avec l'efficacité ?

Enfin, pour laisser s'exprimer votre potentiel, posez-vous fréquemment ces questions au cours de vos activités :

- Quelles sont mes activités qui possèdent la plus grande valeur ?

- Est-ce que ce à quoi je consacre mon temps (maintenant) me permet de construire la vie que je désire ?

La gestion du temps est très utile pour améliorer globalement notre vie. C'est un investissement qui en vaut la peine ! Même si le temps n'est pas une ressource renouvelable et qu'il n'y a que 24 heures dans une journée, il est souvent possible de faire mieux. La clé d'une meilleure gestion du temps n'est pas de travailler plus vite ou plus longtemps, mais de travailler mieux. Nous n'avons pas nécessairement besoin de plus d'heures de travail lorsque nous savons comment utiliser nos heures de manière efficace.

EXERCICE

Les pensées et les informations
qui « polluent » votre esprit

Des pensées, des responsabilités et d'autres préoccupations sont l'objet d'entente entre vous-même et... vous-même. Pour différentes raisons qui sont bonnes et d'autres parfois moins bonnes, ces informations polluent votre esprit, car vous ne voulez rien oublier !

Ainsi, une partie de la mauvaise gestion du temps vient du fait que votre cerveau a l'impression qu'il doit s'occuper de ne rien oublier. Par contre, cela n'est pas son travail ! Il est temps de passer un grand coup de « balai mental » dans tout ce qui occupe inutilement votre esprit pour lui permettre de faire ce dans quoi il excelle, comme créer, raisonner et résoudre des problèmes.

1. **Pensez à tout ce qui vous préoccupe le plus concernant les sujets qui sont importants pour vous (professionnellement et personnellement).** Faites la liste des éléments qui vous préoccupent le plus (notez en vrac tout ce qui vous passe par la tête à ce sujet).

2. **Quelles sont les raisons pour lesquelles les éléments notés précédemment vous préoccupent ?** (Par exemple, vous n'êtes pas avancé, vous vous sentez confus, il s'agit d'une lourde responsabilité, l'échéance approche dangereusement, etc.)

_____

_____

_____

_____

_____

_____

_____

_____

Ensuite, révisez vos attentes

Vos attentes contiennent l'ensemble des raisons pour lesquelles vous voulez faire ce que vous faites. Ces raisons touchent souvent à des dimensions extérieures à vous-même, comme vos responsabilités professionnelles, mais elles impliquent aussi des dimensions intérieures. Par exemple, les standards d'une personne perfectionniste ne sont pas les mêmes que ceux d'une personne « normale ». Les attentes qu'un perfectionniste entretiendra seront donc beaucoup plus contraignantes.

Voici trois manières de vous soulager du stress qui provient des attentes qui sont mal gérées en vous :

a) **Éliminez l'attente et décidez de ne pas faire l'action, la tâche, etc.** Nous nous obligeons souvent à faire des choses sans qu'elles soient obligatoires. C'est le moment d'en prendre conscience et d'éliminer celles qui ne sont pas suffisamment importantes. Nous ne sommes pas obligés de tout faire !

b) **Réalisez l'objectif et satisfaites l'attente.** Lorsque nous procrastinons, nous remettons à plus tard ce que nous devons faire maintenant. Cela crée une tension, car nous savons que nous n'avançons pas. Le fait de faire ce que nous avons à faire nous soulage automatiquement de cette tension.

c) **Modifiez vos attentes.** Bien des attentes découlent de contraintes qui ne sont pas coulées dans le béton. Nous oublions souvent que nous **choisissons** la majorité des tâches et des responsabilités que nous avons dans la vie. Les termes comme « je dois » ou « je n'ai pas le choix » sont le reflet de cet oubli. Pourtant, nous choisissons de travailler à un endroit plutôt qu'à un autre, nous choisissons nos loisirs, nous choisissons les personnes que nous fréquentons, etc. Ainsi, le fait de modifier nos attentes peut changer complètement la manière dont nous percevons tout ce que nous avons à faire…

3. **Y a-t-il des éléments notés au premier numéro ci-dessus qui gagneraient à être révisés à partir de ces trois stratégies ? Pourquoi ?**

Des pistes pour approfondir le sujet

Entretenez-vous des préjugés négatifs à l'endroit de la gestion du temps ? Croyez-vous que cela vous retirera votre liberté ? Si c'est le cas, il est grand temps de mettre à jour votre vision des choses.

Ce que je fais est-il vraiment important ? Le fait de répondre souvent à cette question vous aidera à ne pas consacrer votre temps à des futilités qui ne vous apportent rien.

Voici quelques conseils pour mieux gérer votre temps :

- Utilisez assidûment un agenda, qu'il soit électronique ou en papier.

- Autant que possible, prenez vos rendez-vous et planifiez des activités longtemps à l'avance. Cela évitera les mauvaises surprises, vous libérera l'esprit et vous évitera l'urgence de la dernière minute.

- Rendez vos appels dans un délai relativement bref (24 heures ou moins, par exemple). Cela vous aidera à ne pas oublier ce dont il est question.

- Assurez-vous de disposer à l'avance de quoi remplacer ce dont vous avez besoin à la maison (des ampoules électriques, par exemple). Cela vous évitera de faire des courses inutiles.

- Notez tout ce dont vous avez besoin de faire sur des listes, et pas seulement l'épicerie (liste de fournitures de bureau, plans d'action [*to do list*], etc.).

- Ayez toujours quelque chose à faire avec vous pour les moments perdus, comme un livre à lire dans la salle d'attente du dentiste.

Une suggestion pour aller plus loin

- Site http://time-management.monblogue.branchez-vous.com.

Est-ce que je me laisse envahir par la déprime?

« Votre succès et votre bonheur reposent en vous-même.
Prenez la résolution de rester heureux, et votre joie formera
un véritable bouclier contre les difficultés. »
— HELLEN KELLER (1880-1968),
AUTEURE ET CONFÉRENCIÈRE SOURDE ET AVEUGLE

Lorsque nous travaillons fort à améliorer les choses, il est normal que nous ayons des doutes, que nous essuyions des échecs et que nous vivions des moments de déprime. Cela dit, la déprime n'est pas obligatoire. Elle est la conséquence d'un ensemble de pensées et d'attitudes sur lesquelles nous avons un réel contrôle. Vous trouverez ci-dessous plusieurs moyens éprouvés pour vous aider à diminuer vos moments de déprime !

La déprime, un mal nécessaire?

La déprime occupe une place plus ou moins importante dans la vie de chacun de nous. Elle ressemble à un caillou qui, au fond d'une chaussure, rend notre marche douloureuse. Et la déprime emprunte même parfois l'horrible visage du malheur. Nous quittons notre joie de vivre et notre motivation à réaliser ce que nous aimons le plus, nous perdons patience et suscitons des conflits…

Devons-nous subir les assauts de la déprime et attendre simplement qu'elle passe ? La déprime est-elle un mal nécessaire ? Au contraire, pouvons-nous retirer pour de bon ce douloureux caillou qui nuit à notre

> Ne pressez pas les changements positifs. Laissez-leur le temps de prendre toute leur place en vous.

bien-être ? Voici une bonne nouvelle : nous pouvons faire quelque chose ! Nous sommes souvent déprimés tout simplement parce que nous ignorons tout ce que nous pouvons faire pour améliorer la situation. Nous pouvons combattre la déprime de différentes manières, car chacun de nous mérite sa part de bonheur !

Ces pensées qui nous rendent malheureux...

Vous serez peut-être surpris d'apprendre que vos propres pensées occupent un rôle de premier plan lorsque vous êtes déprimé. Nos petits malheurs quotidiens nous font souvent conclure de manière rapide et absolue. C'est ce qui nous rend malheureux... Par exemple, si Josée, votre collègue de travail, est impatiente envers vous et que vous vous dites : « Ce manque de considération signifie qu'elle me déteste ! », ces conclusions engendreront une réaction émotionnelle intense et négative. Vous serez déprimé à ressasser des pensées aussi pénibles.

Changer notre manière de voir les choses avec le recadrage

Vous vivez chaque jour des situations propres à susciter des pensées tordues. La solution ? Au lieu de conclure négativement à votre sujet, vous pouvez essayer de voir s'il n'existe pas d'autres raisons qui expliqueraient le comportement déplaisant de votre collègue, par exemple. Peut-être vient-elle d'apprendre une mauvaise nouvelle ? Peut-être a-t-elle d'importantes raisons de s'inquiéter, ce qui lui fait perdre patience ?

Comme le disait Démocrite, un philosophe de l'Antiquité, la conscience nous a été donnée pour transformer la tragédie de la vie en une comédie ! Lorsque vous introduisez une distance rationnelle entre la situation et vos conclusions trop rapides, vous freinez les fâcheuses pensées qui s'imposent pour vous déprimer ! Résultat ? Votre humeur et vos pensées sont beaucoup moins négatives, même si la situation, elle, l'est.

La stratégie dont je viens de vous parler se nomme le recadrage. Elle consiste à réviser votre manière d'interpréter les événements.

Lorsque vous changez la lunette que vous utilisez pour voir chaque situation, vous courez la chance d'obtenir des informations qui vous donneront une idée plus réaliste de ce qui se passe. Le fait d'enrichir vos conclusions vous évite d'entretenir des pensées négatives et de les retourner contre vous-même.

Pour faire fuir la déprime, vous pouvez ainsi réviser les conclusions que vous tirez à propos des situations désagréables de la vie. Vous gagnez à utiliser cet outil psychologique à différentes occasions. Le tableau qui suit résume plusieurs d'entre elles.

Voici des attitudes autodestructrices reliées aux pensées déprimantes :

- Nous empêcher d'exprimer nos besoins, nos désirs, nos idées, nos émotions, etc.

- Être honteux et mécontents de ce que nous sommes.

- Généraliser un échec à notre personne et à notre vie entière pour conclure que nous n'avons pas de valeur.

- Nous juger souvent et trop sévèrement.

- Croire que nous ne méritons pas l'intérêt des autres.

- Nous sentir coupables, même lorsque nous ne sommes pas responsables des événements.

- Ne pas assumer nos choix ni en accepter les conséquences.

Et nos émotions dans tout cela ?

Une humeur chagrine et morose accompagnée d'émotions comme la tristesse provient aussi du contenu de nos pensées. C'est que des pensées négatives engendrent des émotions tout aussi négatives ! Heureusement, les pensées positives entraînent également des émotions positives, source de bien-être et d'encouragement.

Pour vous débarrasser de vos pensées déprimantes, vous pouvez aussi faire une petite « diète mentale[3] » ! Cette diète d'un nouveau genre consiste à n'entretenir que des pensées positives pendant sept jours. Dès qu'une pensée sinistre vous traverse l'esprit, vous devez la remplacer par une pensée positive. Si vous échouez pendant les sept jours que dure votre diète, vous devez recommencer au premier jour. Difficile, me direz-vous ? Bien sûr ! Mais, ce que je ne vous ai pas dit, c'est que la diète mentale vise plutôt à vous faire prendre la bonne habitude de ne plus porter autant d'attention à vos pensées négatives. Chaque fois que vous recommencez au premier des sept jours, vous poursuivez vos efforts à penser positivement. De toute manière, le fait de réussir pendant sept jours n'aurait pas vraiment d'impact : c'est la *bonne habitude que vous prenez pour le reste de votre vie* qui compte ! Alors, même si la diète mentale demande quelques efforts, vous gagnerez bien du bonheur à l'essayer.

Accepter ce que nous ne pouvons pas changer

Il arrive parfois que des événements suscitent en nous un sentiment de colère. Nous ressentons de l'impuissance et cela nous déprime. Tout comme Don Quichotte, ne trouvez-vous pas que nous nous battons souvent contre des moulins à vent ? Cette attitude peu constructive consiste à essayer de changer des choses sur lesquelles nous n'avons aucune emprise. Un exemple ? Claire n'accepte pas que les autres pensent différemment d'elle. Chaque fois qu'elle constate un désaccord, elle croit qu'on la rejette. Pourtant, elle ne peut demander au monde entier de partager ses opinions sur toute chose !

> Si nous n'avons pas le pouvoir de changer les événements désagréables, nous pouvons par contre changer notre façon de les percevoir.

Le seul moyen de ne pas souffrir de ce que nous ne pouvons pas changer consiste, justement, à nous apercevoir qu'il n'y a rien à faire. Cette constatation simple, mais beaucoup plus constructive que l'obstination aveugle, se nomme l'acceptation et rime avec le lâcher-prise. L'acceptation est très efficace pour nous économiser frustration et ressentiment. Même si cet outil peut vous paraître simple, il n'est pas si facile à utiliser. Essayez-le la prochaine fois que vous vous battrez contre quelque moulin à vent...

Voici un aide-mémoire antidéprime :

- *Faites-vous plaisir tout simplement !*

- *Sortez de votre coquille ! Rapprochez-vous des êtres qui vous sont chers, et profitez même de l'occasion pour régler un ancien conflit qui restait en germe.*

- *Mieux vaut vous féliciter de ce que vous avez accompli plutôt que de vous apitoyer sur votre sort et de vous plaindre de ce que vous n'avez pas.*

- *Gardez espoir ! Rappelez-vous qu'après la pluie vient toujours le beau temps. Même la pire des situations ne saurait durer éternellement.*

Des stratégies pour une vie exempte de déprime !

Le bonheur n'est pas un idéal, il est un but. Pour l'atteindre, nous devons travailler à améliorer chaque jour nos pensées, nos relations et la motivation qui découle du sens que nous donnons à la vie.

Vous trouverez ci-dessous quelques astuces simples qui repoussent la déprime. À appliquer sans modération ! Grâce à elles, vous développerez l'habitude des résultats et de la réussite. Votre motivation, votre persévérance et votre vision de vous-même augmenteront jusqu'à toucher de nouveaux sommets :

1. N'ayez pas peur de rêver.

Faites de grands rêves, car ce sont les plus motivants !

2. Développez votre sens de l'organisation.

Pour rendre votre vie plaisante, pour faire de vos rêves une réalité, vous devez être capable de transformer vos désirs en buts clairs et réalistes que vous êtes en mesure de réaliser.

3. Faites ce que vous aimez le plus.

Rien n'est plus difficile que de se motiver pour faire ce que l'on déteste ! La première responsabilité de votre vie est d'être heureux. Vous devez donc penser en priorité à ce qui vous intéresse. Pour cela, vous devez vous connaître !

4. Restez toujours honnête envers vous-même et envers les autres.

Les gens que vous côtoyez jouent un rôle fondamental dans votre bien-être personnel. Si vous restez honnête envers eux, ils auront plus de chance de vous aider et d'être honnêtes avec vous. Pour vous aider, posez-vous la question : « Dans quel genre de monde aimerais-je vivre ? » La réponse vous donnera des pistes pour agir en conséquence.

> Nous avons tous un grand pouvoir sur nous-mêmes. Nous pouvons ressortir des situations qui nous rendent malheureux pour encourager plutôt notre bien-être.

5. Évitez la confusion.

Donnez des priorités aux buts qui sont les plus importants pour vous et concentrez-vous sur chacun, un à la fois, jusqu'à ce que vous ayez obtenu des résultats. Sans cet effort, vous risquez de perdre de vue ce que vous voulez faire pour améliorer votre vie et vous finirez par vous décourager.

6. Concentrez-vous sur ce que vous désirez obtenir et non pas seulement sur vos activités.

La motivation et le bien-être découlent principalement du sens que vous donnez à votre vie, à vos valeurs et à vos activités. Le fait de vous concentrer sur ce qui est important vous aidera à toujours garder en tête les résultats que vous voulez obtenir. Le fait de vous concentrer sur vos véritables priorités nourrira la satisfaction et la motivation.

7. Acceptez l'échec et profitez de chaque moment dont la vie vous gratifie.

Dans notre société où nous désirons tout, tout de suite, il est difficile d'attendre et de fournir des efforts. Pourtant, personne ne réussit tout du premier coup. Lorsque vous n'obtenez pas les résultats escomptés, pensez plutôt à tout ce que vous avez appris et aux bons moments que vous avez passés à réaliser vos activités.

EXERCICE

Des pistes pour approfondir le sujet

- Êtes-vous de nature pessimiste ? Si oui, essayez d'identifier quel rôle vos pensées négatives jouent par rapport à votre degré de bonheur et à votre espoir dans la vie.

- De quelles manières pouvez-vous commencer à appliquer dès aujourd'hui au moins l'une des sept stratégies d'une vie exempte de déprime que nous venons de voir ?

Des suggestions pour aller plus loin

- David D. Burns, *Être bien dans sa peau*, Éditions Héritage, 2005, 474 p.

- Lucien Auger, *S'aider soi-même – Une psychothérapie par la raison*, Éditions de l'Homme, 2004, 186 p.

- Nicolas Sarrasin, *Petit traité antidéprime : 4 saisons dans le bonheur,* Éditions de l'Homme, 2005, 364 p.

Est-ce que je me respecte ?

$\mathcal{N}$ous respectons-nous toujours comme nous le devrions ? Probablement pas. Se peut-il que le respect que nous avons pour nous-mêmes influence le respect que les autres nous accordent ? Certainement ! Voilà pourquoi le respect dont vous bénéficierez commence par vous-même !

De l'estime de soi au respect de soi

D'abord, qu'est-ce donc que le respect ? Il s'agit d'un sentiment d'égard envers soi-même ou envers quelqu'un d'autre qui se manifeste par une attitude pleine de considération. Pour se respecter, on doit s'estimer suffisamment. Plusieurs chercheurs en psychologie ont d'ailleurs suggéré que l'estime de soi modérait l'anxiété et était même un témoin de l'autonomie personnelle[4].

Le psychologue Marc Pistorio a aussi réfléchi à la question, notamment à travers son livre *Vérité ou conséquences*. « Dans la thérapie, je m'efforce systématiquement de permettre à chaque individu de développer

> « Être soi-même permet de se respecter et quand on se respecte, on respecte généralement les autres. »
> — Guy-Marc Fournier

un espace intime et de déterminer avec une conscience nouvelle ce qu'il est sain et acceptable de dévoiler et de ne pas dévoiler de soi. » Il parle ainsi du jardin secret : « [...] un espace privilégié dans lequel naviguent les idées et les expériences que l'on décide sciemment de ne pas partager ».

> « Les individus mobilisent une vaste énergie mentale à se mentir, à employer temps et énergie à se voiler la face, à montrer aux autres un portrait de soi savamment travaillé, à éviter à tout prix de faire ce pas vers soi, pour ne plus risquer le contact avec les souffrances intérieures. »
> — Marc Pistorio

Le respect commence donc par nous-mêmes. Et ce respect peut, par la suite, ouvrir la voie au dialogue, au pardon, et jouer un rôle important dans l'amélioration de notre quotidien. Voici des exemples de ce à quoi conduisent l'estime et le respect de soi :

La capacité de nous connaître. Il s'agit de porter une attention suffisante à nous-mêmes pour savoir qui nous sommes, à travers nos valeurs, nos manières de réagir, nos champs d'intérêt, etc., pour nous sentir bien par rapport à ce que nous sommes vraiment et éviter la confusion.

La capacité de nous accepter à travers nos forces et nos faiblesses. Cette attitude nous fait reconnaître et apprécier ce que nous sommes, nos valeurs, et nous permet d'accorder moins d'importance à ce qui peut nous manquer, justement parce que nous capitalisons sur ce que nous avons.

La possibilité de nous comparer aux autres de façon constructive et non dépréciative. Nous ne pouvons pas faire abstraction des autres dans notre vie. Toutefois, toute comparaison doit respecter qui nous sommes malgré les qualités que nous ne possédons pas (encore). Cette perspective écarte les états désagréables comme l'envie, l'insatisfaction et l'« autodénigrement ». En outre, le fait de nous comparer aux autres de manière constructive nous aide à entretenir des relations exemptes de conflits.

> « L'âme est conscience et respect avant tout, conscience de l'être, respect de l'être, avec ses composants : compassion, liberté, vérité. »
> — Andrée Maillet

L'affirmation de nous-mêmes

L'affirmation de nous-mêmes est la capacité et le désir d'affirmer qui nous sommes et de nous faire respecter. Elle implique d'affirmer ce qui est important pour nous sans avoir peur de le voir rejeter. La capacité de nous affirmer nécessite ainsi la conviction que nous possédons une valeur réelle et la certitude d'être uniques, libres, capables de choisir et d'obtenir ce que nous désirons.

Pour nous affirmer, nous devons aussi parfois faire ce que nous redoutons. Par exemple, même si vous avez peur de dire aux autres ce que vous pensez, vous pouvez néanmoins affirmer avec respect quelle est votre opinion. Si vous avez peur que l'on trouve vos idées peu intéressantes, vous pouvez commencer par les exprimer sans imaginer que vous ennuierez la galerie.

Lorsque nous nous respectons, nous exprimons subtilement aux autres l'estime que nous avons pour nous-mêmes. Il est donc difficile de nous affirmer tant que nous ne nous sentons pas dignes d'intérêt. Le respect pour nous-mêmes inspire le respect des autres. Si nous nous négligeons, si nous laissons les autres décider à notre place, si nous ne mettons pas notre volonté au service de notre identité, il est probable que notre liberté d'action et notre amour-propre diminueront.

Mike Martin, auteur et professeur à la Chapman University (Californie), décrit particulièrement bien l'adéquation qui existe entre les valeurs qui dirigent notre vie, l'estime personnelle et la possibilité de nous affirmer : « Vivre équivaut à agir ; agir, c'est agir pour certaines raisons ; voir que ses actions sont basées sur de bonnes raisons consiste à leur accorder une certaine valeur ; et s'identifier soi-même à de tels actes consiste tacitement à s'attribuer de la valeur[5]. »

> Le respect nous demande d'écouter bien davantage notre cœur que notre raison.

VOICI QUELQUES SIGNES DU RESPECT DE NOUS-MÊMES QUI FAVORISENT LE RESPECT DES AUTRES :

- Exprimer nos besoins, nos désirs, nos rêves.

- Exprimer nos émotions, nos états, notre humeur.

- Exprimer nos idées, nos goûts, tout ce qui nous définit et qui prouve que nous sommes fiers de nous-mêmes et que nous n'avons pas peur du jugement des autres.

- Accepter notre corps et bien le soigner (bien s'habiller, par exemple).

- Être satisfait de ce que nous faisons.

- Prendre notre place par rapport aux autres sans pour autant être agressifs ou manquer de respect.

- Arriver à faire des choix et à les assumer.

- Ne pas nous culpabiliser inutilement ni nous juger trop sévèrement.

- Accepter les marques d'appréciation de la part des autres et les trouver pertinentes.

- Nous attendre à être respectés, c'est-à-dire savoir que les autres reconnaîtront notre droit d'être qui nous sommes.

ÉTUDES DE CAS

Améliorer l'expression du respect

Voici une liste de situations impliquant des relations interpersonnelles respectueuses ou non. Répondez aux questions qui visent à commenter chaque situation :

1. Jean est un homme au tempérament bouillant. Il est toujours très prompt à réagir. Il vient d'avoir une discussion avec son ami

Claude, et cette discussion a mené à un conflit. Comme d'habitude, Jean se croit dans son bon droit, mais il sait aussi qu'il se sent mal lorsque les conflits surviennent et il aimerait bien régler son problème avec Claude.

Que fait Jean s'il décide d'utiliser davantage ses capacités à être empathique, respectueux et à faire des compromis ?

2. Lucie et Chantal sont deux collègues qui travaillent ensemble sur différents projets. Elles s'entendent à merveille et elles se sont même fait surnommer « La super équipe ». Lucie et Chantal sont très heureuses de cette situation, mais elles savent que cette saine dynamique n'aurait jamais pu voir le jour si elles n'avaient pas d'abord fait des efforts pour se connaître et travailler ensemble.

Qu'est-ce que Chantal et Lucie ont dû faire pour améliorer leur entente personnelle, notamment en regard de la coopération et de la communication respectueuse ?

3. Vanessa est une femme souvent renfermée qui a vécu plusieurs difficultés personnelles dans le passé. Ces difficultés ont teinté sa manière d'entrer en relation avec les autres. Par exemple, lorsqu'elle éprouve un problème relationnel, elle devient rapidement agressive, car cela lui rappelle ses épreuves du passé. Elle est aussi très centrée sur sa personne et a de la difficulté à accepter les priorités des autres.

Que peut faire Vanessa si elle désire améliorer la confiance qu'elle a dans les autres et favoriser le respect et la réciprocité ?

_____

_____

_____

_____

_____

_____

_____

_____

Des suggestions pour aller plus loin

• Marc Pistorio, *Vérité ou conséquences – Oser l'authenticité envers soi, en couple et en famille*, Éditions de l'Homme, 2008, 276 p.

• Michelle Larivey, *Refuser d'être victime*, livre audio (1 CD), Éditions Coffragants, 2003.

• Site http://fr.wikipedia.org/wiki/Respect.

Est-ce que je prends les meilleures décisions ?

« Nous gagnons notre vie grâce à ce que nous obtenons, mais nous construisons notre vie grâce à ce que nous donnons. »
— WINSTON CHURCHILL

*L*a liberté, en son sens le plus fondamental, réside dans notre capacité à faire des choix. Nous décidons si souvent que nous oublions parfois avoir choisi la majeure partie de ce que nous faisons quotidiennement. Puisque ce sont nos décisions qui façonnent notre vie, j'ai réservé les explications qui suivent aux manières de prendre les meilleures !

Choisir notre vie

Chaque jour, nous prenons des décisions pour orienter nos actions et répondre à nos besoins. Nous devons choisir quoi entreprendre pour obtenir ce que nous désirons. Et peu importe la souffrance et les difficultés que nous avons vécues, il nous est toujours possible de construire un avenir plus radieux en l'édifiant sur de bonnes décisions.

Mais, sommes-nous habitués à prendre de *vraies* décisions ? Au lieu des décisions, nous exprimons plus souvent des préférences : « J'aimerais améliorer mes relations » ou « Il serait bien de vivre moins de stress ». De tels souhaits nous retirent notre pouvoir d'action. La véritable prise de décision, au contraire, cautionne un véritable pouvoir sur nous-mêmes : « Je vais dorénavant faire de l'exercice trois fois par semaine ». La force d'une telle décision réside dans sa clarté : nous ne nous laissons aucune possibilité de fuir et en assumons la pleine responsabilité. Cette attitude nous implique entièrement dans l'action et nourrit la confiance, l'estime personnelle et la fierté.

> Assurez-vous de toujours connaître les raisons pour lesquelles vous faites chaque chose importante.

Vous pouvez vous exercer progressivement à prendre ce genre de décisions. Bientôt, les résultats fantastiques que vous obtiendrez renforceront votre « muscle décisionnel » ! Pour vous encourager, retenez bien ceci :

- Chaque décision que vous prenez est riche d'enseignements sur vous-même.

- Plus vous prenez de décisions et plus vous êtes en mesure d'en prendre (meilleure confiance en vous).

- Vos décisions vous indiquent ce à quoi vous donnez du sens (ce qui est important) et comment vous définissez votre vie.

Les qualités des bonnes décisions

Depuis plusieurs décennies, des recherches en psychologie tentent de mieux comprendre comment l'être humain fait ses choix[6]. Voici quelques-unes des caractéristiques des décisions éclairées qui sont ressorties de ces recherches :

1. Le désir réel de faire un choix.

Pour faire un bon choix, nous devons bien nous connaître. Est-ce que la décision vient vraiment de nous-mêmes ? Correspond-elle vraiment à nos valeurs ? Car nous devons aussi avoir confiance en nos capacités pour faire face aux conséquences…

2. La compréhension des enjeux.

Sommes-nous bien conscients de tout ce que la décision implique ? Autrement dit, pensons-nous aussi aux conséquences à long terme de la décision ? Une bonne décision nous demande de considérer un nombre suffisant de possibilités. Cela nous évite aussi de choisir de manière impulsive et… de regretter nos choix.

3. La créativité.

La créativité facilite l'évaluation des choix qui s'offrent à nous et la manière dont nous comprenons les problèmes. La créativité nous permet de combiner différentes possibilités pour nous aider à obtenir les meilleurs résultats !

> Ce sont nos décisions qui sculptent profondément notre vie, d'où l'importance de leur consacrer l'importance qu'il faut avant de les prendre.

4. La capacité de faire des compromis.

Plusieurs décisions demandent que nous tenions compte des autres. Certaines activités qui nous demandent de faire des choix ne se réalisent pas seules, comme choisir en couple la décoration du salon. La capacité de faire des compromis aide à négocier les solutions les plus adéquates pour tous.

5. Assumer les conséquences de nos décisions.

Plusieurs personnes tergiversent longuement ou ajournent leurs décisions parce qu'elles ont trop peur de se tromper. Pour faire de bons choix, nous devons en assumer les conséquences, quelles qu'elles soient. Les erreurs nous permettent de corriger le tir et de réussir au prochain essai. Si nous n'assumons pas totalement les conséquences de nos décisions, nous sommes trop occupés à nous culpabiliser pour apprendre de la situation…

6. La constance.

La constance est une attitude qui témoigne du sérieux et de la maturité d'une personne. Lorsque vous comprenez les enjeux d'une décision, que vous assumez ses conséquences et que vous connaissez la valeur des compromis, il est plus facile de ne pas constamment changer d'avis. Au contraire, une personne peu sûre d'elle-même, qui se laisse facilement influencer et qui a peur de se tromper risque de changer souvent d'opinion. Les personnes en position de pouvoir qui doivent souvent prendre des décisions pour un groupe gagnent à cultiver la constance, car cette attitude inspire la confiance et le respect de la part des autres.

> La meilleure décision est celle que l'on assume…

VOICI QUELQUES QUESTIONS QUI VOUS AIDERONT À VOUS CONCENTRER SUR LES DIMENSIONS LES PLUS IMPORTANTES DES DÉCISIONS QUE VOUS PRENEZ :

- **Par rapport à ce qui motive votre décision**

  Quels résultats ma décision me permettra-t-elle d'obtenir ? Quel objectif ma décision contribuera-t-elle à réaliser ?

- **Par rapport au bon choix des différentes possibilités qui s'offrent à vous**

  Ma décision est-elle une bonne solution au problème qui m'est posé ? Est-ce que j'ai assez d'informations pour cerner toutes les possibilités ?

- **Pour éviter la culpabilité et assumer les conséquences de votre décision**

  Dans quelle mesure les conséquences de ma décision me satisferont-elles ? Si je me trompe, suis-je capable d'apprendre de mon erreur ? Suis-je en mesure de maintenir les conclusions de mes choix et d'accepter ce qu'ils impliquent ?

Des pistes pour approfondir le sujet

Une mauvaise décision est un moyen très efficace pour nous éloigner de nos buts, si nous ne savons pas apprendre de nos erreurs...

Sur 10, quel est votre niveau moyen de satisfaction quant à vos décisions (1 étant la pire décision de votre vie et 10 étant celle qui vous a le plus comblé de bonheur) ?

Si votre niveau de satisfaction de vos décisions est bas, comment pouvez-vous améliorer votre lâcher-prise ?

_____

_____

_____

_____

_____

_____

_____

_____

Pour ne pas oublier que la meilleure décision est d'abord celle que vous assumez, pensez à toute l'énergie que vous gaspillerez à vous culpabiliser d'avoir mal choisi plutôt que de vous concentrer à améliorer la situation. Donnez des exemples et des raisons pour lesquelles la culpabilité est contre-productive.

_____

_____

_____

_____

_____

_____

_____

_____

Si vous décidez souvent sur « un coup de tête »...

1. Pour vous aider à réfléchir davantage avant de choisir, déterminez d'abord quelles émotions sont présentes dans votre processus décisionnel. Avez-vous peur ? Êtes-vous trop enthousiaste ?

_____

_____

_____

_____

2. Fouillez ensuite dans vos souvenirs pour retrouver quelles conséquences néfastes vos décisions trop rapides vous ont apportées (faire une dépense élevée que vous avez regrettée, par exemple). Cela vous aidera à penser davantage aux conséquences la prochaine fois et à éviter de décider un peu trop à la légère.

_____

_____

_____

_____

Des suggestions pour aller plus loin

• Malcolm Gladwell, *La force de l'intuition – Prendre la bonne décision en deux secondes*, Robert Laffont, 2006, 300 p.

• Stephen Robbins, *Prenez la bonne décision – Améliorez votre processus décisionnel pour mieux travailler et mieux vivre*, Éditions Village Mondial, 2003, 160 p.

Est-ce que je cultive l'optimisme ?

Si nous savions combien de temps nous allions vivre,
peut-être nous préoccuperions-nous davantage de l'être
et moins du paraître.

La vie vous fera toujours affronter des défis et des difficultés. Cependant, à mesure que vous utilisez vos ressources pour y faire face, vous vous donnez la possibilité de grandir. Cette vision des choses est positive ; elle vous aide à vous améliorer. Les pages qui suivent sont dédiées aux manières de développer un esprit plus positif !

Tout est affaire de point de vue

Érasme, un philosophe de la Renaissance, disait qu'au pays des aveugles, les borgnes sont rois. Autrement dit, nous pouvons percevoir la vie positivement et nous doter d'indéniables avantages par rapport à ceux qui ne le font pas. Alors, au lieu de simplement subir les événements, nous pouvons voir en quoi les épreuves nous aident à nous améliorer !

> Les personnes qui profitent le plus du bien-être sont celles qui ont découvert à quoi servait leur existence.

Voici sept stratégies à travers lesquelles vous pouvez vous doter d'un point de vue plus positif par rapport à la vie :

1. *Donnez-vous des objectifs clairs et réalisables.*

2. *Acceptez vos défauts sans trop vous y attarder.*

3. *Prenez le temps de vivre, car le repos fait partie de vos tâches et de vos responsabilités...*

4. *Entretenez votre réseau social, car contrairement à ce que disait Jean-Paul Sartre dans* Huis clos, *l'enfer, ce n'est pas les autres.*

5. *Ne jugez pas trop rapidement les gens et les différentes situations.*

6. *Agissez de manière à réaliser les rêves que vous avez.*

7. *Ayez de la reconnaissance pour tout ce dont vous profitez. Arrêtez-vous un moment et cessez de penser à ce que vous désirez pour penser plutôt à ce que vous possédez déjà.*

Une bonne discussion positive avec vous-même

Votre discours intérieur reflète la manière dont vous appréhendez le monde. La façon dont vous commentez intérieurement ce qui vous arrive détermine votre état émotionnel, vos attentes, vos décisions et vos actions. Si vous portez attention à l'orientation positive ou négative que prend votre discours intérieur, vous êtes en mesure de minimiser les pensées tordues qui vous font voir la vie en noir.

> La meilleure manière de guérir de la solitude, de la tristesse et du malheur est de sortir de nous-mêmes et de respirer la vie.

Voici quelques exemples des pensées tordues qui peuvent obscurcir votre horizon :

- «Les autres sont chanceux et moi, je n'ai jamais eu de chance.» Ce type de pensées vous fait perdre confiance et suscite le ressentiment.

- « Je n'ai aucun pouvoir sur ma vie : si je suis malheureux, c'est la faute des autres, de la société, de mon destin, etc. » Ce type de pensées favorise la victimisation, la révolte et vous enferme dans un sentiment d'impuissance.

- « Je dois *absolument* faire ceci ou cela... » Ce type de pensées favorise la culpabilité et les jugements sévères envers vous-même.

- « Personne ne peut m'aimer... » Ce type de pensées vous ferme aux autres et favorise l'« autodénigrement », la tristesse et la déprime.

Richard Aubé est conférencier et auteur. Il sait combien nos pensées et nos perceptions influencent nos réactions, et voici ce qu'il nous dit à ce sujet : « L'attitude est souvent ce qui fait toute la différence dans la vie. Qu'elle soit bonne ou mauvaise, elle a un impact immédiat sur nous-mêmes ainsi que sur les gens qui nous entourent. La raison en est fort simple : l'attitude est ce qu'il y a de plus contagieux ! Et la vôtre, vaut-elle la peine d'être attrapée ? »

Choisir l'optimisme !

Albert Camus disait qu'il n'y a pas de mal à *préférer* le bonheur. Il ne croyait pas si bien dire ! Le docteur Martin Seligman, dont je parlais précédemment, un pionnier en psychologie dite « positive », a orienté ses recherches pour mieux comprendre l'optimisme et le pessimisme. Voici quelques-unes des différences qu'il a découvertes entre les personnes optimistes et les personnes pessimistes, autant de bonnes raisons de choisir le côté positif des choses !

Les personnes optimistes interprètent les événements de manière à entretenir des pensées et des émotions plus agréables. Elles font ce qu'elles peuvent pour éviter les problèmes, mais lorsque ceux-ci se présentent, elles les utilisent pour apprendre et pour s'améliorer. En d'autres mots, les optimistes voient les problèmes comme étant *temporaires*, alors que les pessimistes les voient comme étant *permanents*...

Les personnes pessimistes voient aussi leurs problèmes comme étant *envahissants*. Ils les laissent s'insinuer dans toutes les dimensions de leur vie. Un problème au travail se transpose dans la vie familiale, par exemple. De leur côté, les optimistes voient les difficultés comme

> Le bien-être peut se résumer ainsi : quelqu'un à aimer et de l'espoir pour l'avenir.

étant *spécifiques* et ne les laissent pas empoisonner l'ensemble de leur existence.

Puisque votre esprit ne peut entretenir qu'une pensée à la fois, pourquoi ne pas délibérément choisir les meilleures, les plus constructives, celles qui embelliront votre vie ?

Dire oui à la vie

Voici l'intéressant acrostiche que propose la petite fable *Oui au pays du non* des auteurs BJ Gallagher et Steve Ventura :

Persévérez dans la recherche de ce qui compte pour vous.

Endurez l'inconfort ; la lutte fait partie de la quête.

Redéfinissez votre stratégie quand vous échouez.

Soyez fidèle à vos valeurs et à vos principes.

Exprimez vos intentions et respectez vos engagements.

Visualisez votre réussite.

Exprimez votre gratitude à ceux qui vous appuient.

Risquez et soyez courageux.

Enthousiasmez-vous chaque fois que vous faites un pas de plus vers le oui.

Zèle, confiance et ouverture d'esprit doivent être vos mots d'ordre.

Saviez-vous que...

... l'historien britannique Arnold Toynbee a étudié 21 grandes civilisations de l'histoire humaine et il a constaté que ces civilisations ont commencé à décliner lorsque leurs dirigeants et leurs citoyens ont perdu la volonté de faire face aux inévitables défis que soulevait l'exercice de leur pouvoir ?

Des pistes pour approfondir le sujet

Faites la liste de tout ce que vous appréciez de vous-même et de votre vie. Accrochez ensuite cette liste ou faites-en une synthèse sur une fiche que vous lirez souvent pour vous souvenir des raisons que vous avez d'entretenir votre bonheur.

Vous pouvez améliorer chaque jour votre vie en nourrissant sans réserve votre bonté, votre humour, votre optimisme et votre générosité.

Forcez-vous à juger les autres négativement le moins souvent possible.
Formulez des réflexions constructives à la place.

Avez-vous organisé une activité avec d'autres personnes depuis les trois
dernières semaines ? Sinon, n'attendez pas plus longtemps pour vous
entourer plus souvent de ceux que vous aimez !

Des suggestions pour aller plus loin

- Martin Seligman, *La force de l'optimisme*, InterÉditions, 2008,
  278 p.

- Richard Aubé, *Sortez de vos pantoufles en béton – L'art du
  dépassement*, Éditions Quebecor, 2009, 253 p.

Est-ce que je sais multiplier mes résultats tout en travaillant moins ?

« Les personnes heureuses planifient des actions,
elles ne planifient pas des résultats. »
— DENIS WAITLEY

*A*imeriez-vous découvrir un principe qui vous aiderait à obtenir plus vite les résultats que vous désirez ? Il s'agit du principe 80/20 grâce auquel vous pouvez doubler ou même tripler la quantité et la qualité de ce que vous obtenez. Découvrez comment appliquer ce principe à votre vie !

Un avantage surprenant

Savez-vous que votre potentiel est illimité ? Cela vous paraît difficile à croire ? Il est illimité si vous savez comment l'exploiter correctement. Par exemple, il est facile de nous disperser et de réagir aux préoccupations quotidiennes sans essayer d'obtenir plus de résultats de nos actions.

Pour obtenir plus de bons résultats, vous devez savoir en priorité où concentrer vos efforts. Pourquoi cela est-il si important ? À cause d'une constatation simple que l'on appelle le principe 80/20. Selon ce principe, 80 % des résultats que vous obtenez ne proviennent que de 20 % de vos activités ! Mais, cela signifie aussi que 80 % de vos activités ne produisent que 20 % de vos résultats…

> Le sentiment d'abondance découle de votre manière de voir la vie.

Un principe fort utile

Le principe 80/20 peut être très pratique pour révolutionner votre vie. Ce que vous devez surtout en retenir, c'est que seulement 20 % de tous les efforts que vous fournissez vous permettent d'atteindre 80 % de vos objectifs. Le reste de vos efforts ne fournissent que des résultats négligeables…

L'auteur Richard Koch est un spécialiste du principe 80/20. Selon lui, les deux idées que sous-tend ce principe sont :

1. Moins égale plus.

2. Nous pouvons faire plus avec moins.

Ainsi, pour augmenter vos résultats, vous devez déterminer quelles sont les activités qui vous en donnent le plus et vous concentrer davantage sur ces dernières. Cependant, ce n'est pas tout, vous devez aussi diminuer ou même éliminer certaines activités parmi les moins utiles. C'est ce à quoi vous passez 80 % de votre temps et qui ne vous rapporte que 20 % de vos résultats.

Le principe 80/20 est comme la loupe qui concentre les rayons du soleil ! Vous réunissez vos meilleures ressources pour les concentrer sur l'essentiel. Cela dit, ne perdez pas de vue que votre réalisation personnelle passe par la certitude que ce que vous faites, vous le faites d'abord pour vous-même.

Profitez pleinement de vos ressources

Si vous appliquez le principe 80/20, vous constaterez des améliorations remarquables dans votre vie. Dany Dumont, un spécialiste de l'amélioration stratégique, explique que le principe 80/20 s'applique aussi bien en entreprise que dans la vie personnelle et professionnelle. Selon lui, « une entreprise qui désire améliorer ses façons de faire a intérêt à appliquer ce principe en vue de mieux choisir ce sur quoi il est important de travailler, comme soutenir davantage les 20 % des employés qui apportent 80 % des succès ». Cependant, ces bénéfices ne sont pas uniquement réservés aux entreprises. «Le même principe s'applique aux décisions d'une personne, ajoute-t-il. Par exemple, si vous devez gérer un agenda très serré, vos choix devraient se concentrer sur les 20 % de vos activités qui vous apportent 80 % de vos résultats.»

> Quand vous voyez les problèmes comme une occasion de grandir, vous vous donnez la possibilité d'aller beaucoup plus loin.

Votre succès dépend des activités, des tâches, des habitudes, des relations, des buts, etc., qui fournissent les résultats que vous désirez. Le principe 80/20 se situe donc au cœur des stratégies que vous pouvez appliquer à votre vie et qui vous permettront d'obtenir plus tout en travaillant moins.

Voici quelques exemples du principe 80/20 :

Des exemples généraux :
- *sur la terre, 20 % des gens possèdent 80 % des richesses.*
- *dans les centres d'appels, 80 % des plaintes proviennent de 20 % des clients.*

Des exemples près de vous :
- *de votre groupe d'amis, 20 % constitue probablement 80 % de vos fréquentations.*
- *de ce que vous entreprenez pour réaliser un objectif, 20 % vous permet de l'atteindre à 80 %.*
- *du temps que vous consacrez à une tâche, 20 % vous permet de l'accomplir à 80 %.*
- *vous passez 80 % de votre temps à régler 20 % des problèmes qui se présentent à vous.*

Pour aller plus loin, identifiez les clés de vos résultats !

Répondez aux questions suivantes. Elles vous diront sur quoi concentrer vos efforts pour appliquer la loi 80/20 dans votre vie :

1. Quelles sont les activités (tâches, habitudes, relations, buts, etc.) qui me fournissent le plus de résultats que je désire ?

_____

_____

_____

_____

_____

_____

2. Quels sont les problèmes les plus importants que je dois résoudre ? (Certains problèmes, comme les conflits relationnels, occupent beaucoup mes pensées et m'influencent négativement. Ces problèmes sont à régler en priorité.)

_____

_____

_____

_____

_____

_____

_____

3. Quelles sont les initiatives les plus valables à prendre dans ma vie qui me permettront d'obtenir de meilleurs résultats ? (Retourner aux études, faire plus d'exercice pour améliorer ma santé, etc.)

_____

_____

_____

_____

_____

_____

_____

_____

4. Puis-je identifier les personnes et les ressources sur lesquelles ma réussite dépend (mon conjoint ou mes collègues, par exemple) ?

_____

_____

_____

_____

_____

_____

_____

_____

_____

5. Mon emploi me permet-il de me rendre là où je le désire ? (Possibilités d'apprendre, de me réaliser, etc.)

_____

_____

_____

_____

_____

_____

Une suggestion pour aller plus loin

•   Timothy Ferriss, *La semaine de 4 heures*, Toronto, Pearson Education, 2008, 301 p.

Est-ce que je nourris mes relations amoureuses ?

« Aimer, c'est bien ; savoir aimer, c'est tout. »
— CHATEAUBRIAND

*Q*ue serait la vie sans l'amour ? L'amour est ce qui nous rapproche le plus des autres. Or, il n'est pas toujours facile de trouver la bonne personne à aimer. Je vous propose ici une réflexion qui souligne l'importance de l'amour dans votre vie et quelques pistes pour le garder tout près de votre cœur.

Depuis plusieurs années, les médias brossent un tableau fort négatif des relations entre les femmes et les hommes. Cette perspective pessimiste est-elle le signe que les relations amoureuses sont au plus mal ? Les femmes et les hommes souffrent-ils vraiment d'une irréconciliable différence dans leurs désirs, leurs valeurs et leur manière d'entrer en relation avec l'autre ? Cette différence n'est pas irréconciliable, mais démontre le contexte des difficultés dans la façon dont chacun vit l'amour. L'apprentissage de soi et de l'autre permet de se réconcilier avec cette différence.

Nature et culture

Malgré les impératifs biologiques et les différences entre les sexes, notre cerveau nous permet de modifier nos comportements en fonction des différentes situations. Il nous permet de nous adapter. Autrement dit, nous ne sommes pas limités à ce que nous dictent nos instincts !

Nous pouvons évoluer moralement en adoptant des valeurs qui favorisent la coopération et la santé amoureuse. Parmi ces valeurs, nous retrouvons l'empathie et la compassion. Lorsque nous échangeons avec autrui, la capacité de nous mettre à la place de l'autre nous aide à ne pas rechercher seulement notre intérêt personnel, mais le bénéfice de tous.

Pourtant, ce type d'« adaptation morale » nous fait défaut lorsque nous ne pensons qu'à notre nombril. En amour, nous sommes parfois incapables de nous mettre à la place de la personne avec qui nous partageons notre vie. Nous entretenons une vision à court terme qui vise simplement à répondre à nos attentes. Cette perspective est celle de la consommation, et elle ne nourrit guère le bien-être à travers une relation amoureuse enrichissante. Un sondage mené pour le compte du *Time Magazine* montre d'ailleurs que les célibataires souffrent davantage à cause de l'absence de camaraderie, de soutien et de gratification que procure la vie à deux.

> L'amour véritable nécessite des qualités essentielles, comme l'empathie, le respect et la confiance.

Le rôle particulier que jouent les relations amoureuses dans notre vie

Tout être humain a besoin de vivre en compagnie de ses semblables, et la relation amoureuse occupe une place de choix parmi ces relations. Malheureusement, lorsque nous entretenons une vision trop étroite des relations, seulement axée sur la sexualité par exemple, nous ne travaillons guère à construire un couple équilibré.

> Il ne faut pas confondre la passion et l'amour. La passion est un sentiment d'excitation intérieure intense que nous ressentons pendant une période de temps limitée et après laquelle l'amour peut s'installer.

Or, chaque couple gagne à approfondir toutes les dimensions de sa relation. Ces dimensions sont, par exemple, la confiance, le respect, la réciprocité et le partage à travers une saine communication. Et le projet d'avoir des enfants joue souvent un rôle important au cœur de ces dimensions. Cela dit, les hommes et les femmes sont-ils si différents lorsqu'il s'agit de fonder une famille ?

Le défi de la famille

La décision de fonder une famille modifie profondément la manière de voir le couple. Claude Michaud, professeur de psychologie, résume bien cette étape cruciale dans son livre intitulé *Les saisons de la vie*. Pour relever le défi de devenir parent tout en garantissant la survie du couple, il faut pouvoir se réajuster à tous les niveaux. Selon l'auteur, il importe de se garder un espace pour respirer, pour se retrouver. L'ouverture et une réelle capacité d'adaptation assurent l'équilibre entre la vie de famille et la vie à deux.

> Ne cessez jamais d'exprimer vos sentiments à ceux que vous aimez.

Des couples et des familles unis

Les couples ne seront jamais à l'abri des conflits. Deux personnes impliquent toujours des points de vue différents. Cependant, lorsque nous cherchons à réaliser nos propres objectifs sans égard à ce que désire l'autre, nous nous engageons dans un contexte qui ne peut mener qu'à la rupture. Le défi consiste à faire converger des motivations distinctes à travers les valeurs communes. Et nous disposons tous d'un outil de taille pour relever ce défi : la communication.

> L'amour est l'expression de ce qu'il y a de plus profond en nous-mêmes. Ne vaut-il donc pas mieux suivre ses doux conseils ?

Sortir de notre seul point de vue

Nous pouvons tous contribuer à faire de nos relations des expériences extraordinaires ! Comment enrichir ces relations ? Il faut respecter l'intimité de chacun, développer une réelle complicité, être sensible à ce que l'autre dit et, surtout, accepter l'autre comme il est.

Ce n'est qu'en essayant de comprendre les autres que nous arriverons à construire des relations plus fécondes. Nous sommes tous capables de penser à autre chose qu'à nous-mêmes ! La seule énigme encore irrésolue consiste peut-être à savoir si nous avons vraiment envie de communiquer et de faire preuve d'empathie chaque jour...

EXERCICE

Votre communication et votre relation de couple

Lorsque nous sommes en couple, une relation saine est fonda-mentale au bon fonctionnement de notre vie quotidienne. Pensez par exemple au stress et à la souffrance que vous éprouvez lorsque vous vivez un conflit... Ainsi, l'amélioration de notre vie passe par le développement d'une relation de couple harmonieuse qui sera, éventuellement, un excellent soutien à la famille. Cet exercice constitue une forme d'autodiagnostic qui vous aidera à savoir plus précisément quoi améliorer. Je vous conseille de le réaliser en couple, chacun de votre côté, et d'en faire ensuite l'objet d'un échange constructif.

> L'amour est l'une des expériences les plus riches à vivre à travers le bonheur et les difficultés.

Notez un pourcentage de 0 à 100 % à côté de chacune des dimensions suivantes (0 % étant jamais ou peu et 100 % étant toujours ou beaucoup) :

Dimension relationnelle de votre couple	Pourcentage
Votre capacité à parler et à participer aux échanges	%
Votre capacité à écouter l'autre	%
Votre sens de l'humour	%
Votre capacité à être empathique (vous mettre à la place de l'autre et faire un effort pour comprendre en sortant de votre point de vue)	%
Votre capacité à soutenir l'autre dans les difficultés	%
Votre capacité à exprimer votre gratitude, votre amour, etc.	%
Votre capacité à aborder le sujet de votre relation avec l'autre pour l'améliorer	%

Une fois que vous avez établi un pourcentage, concentrez-vous à améliorer les dimensions dont la note est la plus basse.

Questions pour identifier les forces et les faiblesses de votre relation de couple

Les réponses à chacune de ces questions vous aideront à prendre conscience des éléments positifs de votre couple pour lesquels vous pouvez entretenir de la gratitude ainsi que d'éventuelles lacunes sur lesquelles vous pouvez travailler... ensemble :

• Qu'est-ce qui vous plaît et vous satisfait le plus dans votre relation ?

_____

_____

_____

_____

_____

• Qu'est-ce qui vous manque ? Qu'est-ce qui vous rend insatisfait ?

_____

_____

_____

_____

_____

_____

_____

_____

• Quel est votre degré d'intimité et d'affection en couple ? Ce degré vous satisfait-il ?

_____

_____

_____

_____

_____

_____

_____

Des suggestions pour aller plus loin

• Patricia Delahaie, *Comment s'aimer toujours – Les 7 piliers du bonheur à 2*, Leduc.s Éditions, 2006, 188 p.

• Pierre Langis, *Psychologie des relations intimes – L'amour et le couple*, Bayard Canada, 2005, 471 p.

Est-ce que je suis capable de bien profiter du moment présent ?

« Il est difficile de trouver le bonheur en nous, et impossible
de le trouver ailleurs. »
— CHAMFORT

*I*l peut sembler facile de vivre le moment présent. Cela dit, est-ce vraiment le cas ? La société ultra-rapide dans laquelle nous vivons nous propulse vers l'avenir à une vitesse folle ! Nous subissons un quotidien qui passe trop vite et nous devons produire sans cesse des résultats. Si nous nous arrêtions un moment pour en profiter, nous découvririons peut-être de petites choses qui rendent la vie plus belle.

Depuis longtemps, la tradition orientale a découvert toute la sérénité qui découle du calme intérieur. Il s'agit du zen, dans le bouddhisme, qui passe par la méditation. Pouvons-nous améliorer notre vision de la vie malgré les excès de notre société ? Vous trouverez ci-dessous quelques outils qui vous aideront à vivre de façon plus zen afin de profiter pleinement du moment présent.

> Éprouver de la gratitude pour ce que nous avons est le meilleur moyen d'obtenir encore davantage !

Retrouver notre regard d'enfant

Chaque jour, lorsque vous sortez de la maison, arrêtez-vous quelques instants. Imaginez que vous avez l'éternité devant vous. Vous découvrirez alors de petits détails que vous aviez ignorés jusqu'alors. Un oiseau est perché sur une branche, la douce brise du vent vous caresse les cheveux, des enfants traversent la rue un peu plus loin pour aller à l'école. Au-delà de vos préoccupations quotidiennes, tous ces petits détails font aussi partie de votre vie. Ne vaut-il pas la peine de les redécouvrir ?

Ne pas vivre dans l'avenir

Il est agréable de réaliser un objectif. Par contre, lorsque nous nous projetons sans cesse dans l'avenir, nous risquons d'oublier tout ce que nous avons. « Ah ! Comme je serai heureux lorsque j'aurai acheté ma nouvelle voiture » ou « Comme la vie sera plus facile lorsque j'aurai obtenu une promotion ».

> Pensez à tout ce que vous avez plutôt que de vous plaindre de tout ce que vous n'avez pas... davantage !

Pourtant, une fois nos buts atteints, nous nous habituons très vite à notre nouvelle situation. C'est la raison pour laquelle nous devons prendre le temps de goûter aux petites choses qui nous sont chères. Cette attitude sera source de beaucoup plus de plaisir que si nous attendons toujours la fin d'un nouveau projet pour être satisfaits !

Être à l'écoute de nous-mêmes

Il n'est pas si difficile d'améliorer l'écoute que nous avons de nous-mêmes. Pourtant, pour être heureux, nous devons être à l'aise avec nos choix, nos valeurs et tout ce que nous sommes. Malheureusement, nous éprouvons souvent des difficultés à notre sujet. Qui n'entretient pas de doutes ? Qui s'apprécie vraiment à sa juste valeur ?

> Ce sont les choses douces et simples de la vie qui sont les plus importantes après tout.

> Vous vivez chaque jour de nombreux petits succès. Prenez le temps de savourer chacun d'eux à sa juste valeur.

Pour favoriser votre introspection et apprendre à vous écouter davantage, voici ce que vous pouvez essayer :

- Visiter des endroits tranquilles et inspirants, comme les parcs et la montagne.

- Enrichissez vos champs d'intérêt et vos connaissances en faisant des activités que vous aimez.

- Essayez d'accepter vos choix, même lorsqu'ils ne sont pas les meilleurs.

- Encouragez votre ouverture par rapport à vous-même et à la nouveauté. Faites de nouvelles expériences. Peut-être vous surprendrez-vous !

Petite histoire à méditer pour apprécier ce que vous avez

Il était une fois, dans une très riche famille, une petite fille nommée Chloé qui se demandait comment vivaient les gens pauvres. Sa mère lui dit : « Je vais t'envoyer faire une visite à la campagne, chez nos cousins, et tu verras. »

Au retour de Chloé, sa mère lui demande :

« Comment s'est passé ton séjour ?

– C'était fantastique, maman ! J'ai vu comment vivent des gens qui sont beaucoup moins riches que nous !

– Et qu'as-tu appris ? lui demanda sa mère.

– Nos cousins ont trois chats alors que nous n'en avons qu'un seul ! À la campagne, ils ont aussi les étoiles et la lune pour les éclairer le soir, alors que nous n'avons que nos lampes... Nous avons bien une grande piscine dans le jardin, mais eux, ils ont un immense lac ! Et les champs qui entourent leur maison sont si grands, bien plus que notre domaine. »

Devant tant d'enthousiasme, sa mère ne sut que répondre. La petite ajouta : « Je te remercie maman ! Je croyais découvrir tout ce qu'ils n'avaient pas alors que c'est nous qui n'avons pas grand-chose ! »

Comme l'illustre cette petite histoire, même si nous n'avons pas tout ce que les autres possèdent, nous pouvons toujours voir le bon côté et apprécier tout ce que nous avons. Notre bien-être provient beaucoup de notre manière d'appréhender la réalité !

Les pensées « antizen »

L'être humain dispose de l'incroyable faculté d'imaginer avec force et détails son avenir. Cependant, que se passe-t-il lorsque notre avenir nous obsède, lorsque nos inquiétudes se multiplient ? À coup sûr, nous empoisonnons notre présent !

> Il est facile d'oublier tout ce dont la vie nous gratifie. Aucun devoir n'est plus important que de s'en souvenir.

Nos pensées négatives sont souvent insidieuses. Heureusement, nous pouvons en prendre davantage conscience, histoire d'éviter qu'elles ne nous tourmentent. Ce sont nos pensées qui nous empêchent de nous arrêter et qui nous font imaginer le pire. Ce sont à travers nos pensées que nous nous comparons aux autres, que nous ne nous satisfaisons pas de ce que nous sommes.

Notre manière d'interpréter les événements peut être source d'anxiété et de détresse. Si vous vous dites que vous ne réussirez jamais, si vous avez peur de ce que les autres penseront de vous, vous perdrez pied. Vous ne vivrez plus dans le moment présent, mais dans un avenir négatif et peu réaliste. À la place, vous pouvez prendre le temps de vous écouter vraiment et de réfuter vos craintes lorsqu'elles découlent de conclusions trop hâtives.

> Saviez-vous que l'inquiétude et l'imagination vont de pair ? Si vous vous concentrez davantage sur la réalité, plusieurs de vos inquiétudes s'évanouiront !

Qu'est-ce que le passé qu'un présent révolu ? Qu'est-ce que l'avenir qu'un présent qui n'est pas encore arrivé ? Le présent est donc le seul véritable moment qui compte. Vous pouvez porter plus d'attention à votre discours intérieur pour voir s'il ne vous tyranniserait pas de temps à autre. Ainsi, vous vous assurerez de vivre dans un présent toujours agréable !

Voici quelques moyens pour cultiver le moment présent :

- *Octroyez-vous des périodes de silence. Elles favorisent le contact avec vous-même.*

- *Privilégiez les activités qui vous aident à faire la paix avec vos préoccupations et le stress, comme l'exercice, la méditation, la rédaction d'un journal intime, etc.*

- *Enrichissez l'ambiance de votre demeure pour mieux vous dorloter (décoration, musique douce, encens, etc.).*

- *Pensez à tout ce que vous avez au lieu de vous mécontenter de ce que vous n'avez pas !*

- *Inspirez-vous des enfants qui profitent tout naturellement du moment présent.*

- *Apprivoisez le quotidien, car chaque minute qui passe gagne toute la valeur de la vie. Vous verrez combien vos activités banales prendront de la valeur si vous vous concentrez sur l'essentiel : vivre !*

Une piste pour approfondir le sujet

Prenez-vous le temps de profiter des petits moments doux que la vie vous apporte ? Si vous êtes tourné vers l'avenir, cela vous aidera à le construire, mais n'oubliez pas que votre vie se déroule maintenant ! Le plus souvent possible, essayez de vous arrêter et concentrez-vous sur tout ce que vous vivez au présent. Que faites-vous ? Comment

> Le fait de reconnaître tout ce que vous possédez en ce moment est une grande source de richesse et de bonheur.

ressentez-vous votre corps ? Quelles sont vos pensées, vos sensations, vos émotions ?

_____

_____

_____

_____

_____

_____

_____

_____

_____

_____

_____

Des suggestions pour aller plus loin

*   Eckhart Tolle, *Le pouvoir du moment présent*, Outremont, Éditions Ariane, 2000.

*   Eckhart Tolle, *Mettre en pratique le pouvoir du moment présent*, Éditions Ariane, 2002.

Est-ce que j'obtiens ce que je désire vraiment de la vie ?

« La manière la plus sûre de réussir consiste à toujours
essayer une fois de plus. »
— THOMAS EDISON, INVENTEUR

*S*aviez-vous que les seules limites à votre succès sont celles de
votre imagination ? Nous nous limitons trop souvent sans même
nous en apercevoir. Nous approchons de la fin de ce livre. C'est la raison
pour laquelle l'application de ce qui suit vous fournira un sursaut
d'énergie et de résultats dans les bonnes habitudes que vous avez déjà
commencé à prendre !

Sommes-nous des esclaves ?

Avez-vous remarqué combien il est facile de suivre le courant et
d'oublier que nous avons des rêves ? Peu à peu, nous abdiquons à
exercer le pouvoir que nous avons sur notre vie. Nous devenons
progressivement les esclaves des choix que
nous faisons à la hâte ou, pire encore, des
choix que les autres font à notre place. Pourtant, vous avez sûrement encore des rêves ! Si
c'est le cas, voici une très bonne nouvelle :
vous pouvez vous libérer et améliorer votre vie
en profondeur !

> Plus vous vous
> mobiliserez dans
> l'action et plus il vous
> sera facile de faire de
> grandes choses !

Une incessante quête d'amélioration

La réalisation personnelle est impossible si nous nous éparpillons dans toutes les directions. Pour nous motiver et nous améliorer, nous devons d'abord nous connaître vraiment, identifier nos valeurs et nous doter d'une vision excitante. Le but de cette « croissance illimitée » n'est pas de souscrire aux diktats de la société de consommation qui incitent souvent à produire plus pour consommer davantage. La croissance illimitée concerne chacun de nous dans ses dimensions les plus intimes et les plus authentiques. On ne se réalise pas pour être admiré ou pour faire plaisir aux autres, mais pour vivre une vie significative pour soi. Vous pouvez désirer plus de responsabilités au travail ou plus d'argent, mais vous pouvez aussi vouloir plus d'amour, plus de repos et une meilleure santé…

Chaque personne est dotée d'un fantastique potentiel que des pensées tordues, des peurs et des émotions négatives minent profondément. Cela dit, il ne faut pas les laisser nous arrêter ! Nous pouvons pratiquement tout faire pour peu que nous nous en donnions la peine. Or, c'est là que le bât blesse. Nous remettons souvent notre bonheur au lendemain parce que nous sous-estimons notre capacité à conquérir nos peurs et à cultiver l'action et la persévérance.

Pour vous réaliser, vous pouvez appliquer un principe qui rime avec l'excellence et le succès : il s'agit de l'amélioration continue. Selon ce principe, de petites, mais fréquentes améliorations finissent par donner des résultats incroyables ! Il s'agit, entre autres, de nous demander souvent pourquoi nous faisons ce que nous faisons et quelles sont les conséquences de chacune de nos actions. Ainsi, nous concentrons nos efforts dans la bonne direction.

> Ce sont les plus petites actions qui donnent parfois les plus grands résultats.

Le contexte idéal pour réussir

Vous pouvez d'abord créer un contexte propre à votre réussite. Par exemple, si vous avez tendance à amasser divers objets *au cas où vous en auriez besoin un jour*, il est grand temps de vous en débarrasser ! Le fait d'éliminer ce qui n'est pas nécessaire vous aidera à vous concentrer sur le plus important. Les choses inutiles que nous accumulons ne servent qu'à nous faire perdre le temps que nous consacrons à les gérer. Un truc ? Ne gardez que les choses qui sont essentielles à vos activités et qui sont vraiment importantes.

Notez vos activités quotidiennes et utilisez un agenda

Mélissa Lemieux est *coach* de vie et auteure de l'agenda de réalisation personnelle *Une année pour moi ! – Mon projet de vie.* Voici ce qu'elle nous conseille : « Nous devons tenir compte du facteur temps dans la réalisation de nos projets et de nos actions. La bonne gestion de l'horaire est intimement liée aux priorités, d'où le fait d'utiliser votre agenda comme un outil de réalisation personnelle. »

> Commencez progressivement chaque bonne habitude que vous prenez. Les véritables résultats ne s'acquièrent qu'avec de la patience.

Pensez aussi à toutes les sollicitations que vous avez dans une journée. Si vous ne prenez pas le temps de noter les plus importantes d'entre elles, vous en oublierez ! Bien des gens remettent au lendemain simplement parce qu'ils perdent de vue l'ensemble de leurs activités. Surtout, n'oubliez pas de consulter régulièrement votre agenda et de mettre à jour vos listes de priorités.

Augmentez vos résultats

À votre travail et dans vos activités, évitez d'être submergé. Si vous réagissez rapidement aux situations et que vous prenez des initiatives, vous êtes sûr d'être respecté et d'obtenir de bons résultats. Saisissez les occasions qui sont reliées à ce que vous faites.

> « Profitez de vos périodes d'attente pour faire un petit quelque chose d'utile. C'est fou tout ce qu'on peut faire en quinze minutes ! Lisez dans l'autobus, écoutez des livres audio dans votre auto, mettez de l'ordre dans votre cuisine pendant que l'eau bout. »
> — Mélissa Lemieux

« Si vous n'avez pas de temps, cela veut dire qu'il vous faut revoir vos choix : changer l'ordre d'importance d'une activité, dire non à une autre, reporter ou déléguer certaines tâches, ajoute Mélissa Lemieux. Choisir n'est jamais facile, mais il en va de votre engagement à l'égard de votre propre cause, celle de réaliser votre vie de rêve.»

Vous pouvez aussi augmenter la quantité et la qualité de ce que vous réalisez en choisissant de travailler avec des personnes dont les compétences et les connaissances complètent les vôtres.

> Soyez indulgent envers vous-même : vous ne pouvez pas tout réussir du premier coup !

Peu importe quels sont vos rêves, c'est la qualité de vos décisions et de vos actions qui détermine la qualité de votre vie. Plus vous déciderez d'améliorer les choses et plus vous obtiendrez les résultats qui représenteront ce que vous désirez. Il n'y a aucune limite aux améliorations que vous pouvez apporter ni aux actions que vous pouvez accomplir.

Trois conseils pour obtenir davantage de résultats

1. Ce qui est facile et donne des résultats est souvent d'abord difficile à maîtriser.

Pour réussir, vous devez cultiver l'effort et la persévérance. Essayez et essayez encore. Vous obtiendrez ainsi encore plus que vous l'auriez espéré !

2. Les seules limites à votre succès sont celles que vous vous donnez.

Vous vous limitez lorsque vous croyez à tort ne pas mériter de réussir certains objectifs ambitieux. Cessez dès à présent de limiter l'horizon de vos espoirs pour travailler à obtenir le meilleur dans votre vie !

3. Peu importe votre passé, seuls votre présent et votre avenir comptent vraiment.

Ne permettez pas à votre passé et à vos mauvais souvenirs de vous empêcher de vivre la vie dont vous rêvez. Concentrez-vous sur le fait que chaque action et chaque initiative que vous mettez en œuvre maintenant construisent un avenir plus radieux.

Des pistes pour approfondir le sujet

Connaissez-vous votre vision, le sens qui est le plus important de poursuivre dans votre vie ? Cela peut être d'aider les autres, d'apprendre, d'utiliser votre créativité, etc. Si ce n'est pas le cas, déterminez ce qui est le plus important dans votre vie. Rappelez-vous les moments où vous vous êtes senti le mieux. Que faisiez-vous ? Cela vous aidera à vous orienter !

> Lorsque vous écoutez vos peurs et vos habitudes, vous vous éloignez de votre réussite.

Choisissez au moins deux des stratégies présentées précédemment et voyez comment vous pouvez commencer à les appliquer dès maintenant.

Des suggestions pour aller plus loin

- Mélissa Lemieux, *Une année pour moi ! – Mon projet de vie* (Éditions de l'Homme, 2007) et *Une année pour moi ! – Mon bien-être au boulot* (Éditions de l'Homme, 2008).

- Nicolas Sarrasin, *La croissance illimitée – Multipliez vos résultats et vivez la vie dont vous rêvez !,* Éditions Quebecor, 2008, 213 p.

- Joël Berger, « La théorie du tabouret : comment asseoir son efficacité personnelle », Tripôle, 2004.

- www.journaldunet.com/management/0410/041054tabouret.shtml.

Est-ce que je me simplifie la vie ?

« La simplicité est la sophistication suprême. »
— LÉONARD DE VINCI

Vous avez entendu mille fois ce conseil : pour améliorer votre quotidien et réduire votre stress, vous devez vous simplifier la vie. Cela est plus facile à dire qu'à faire… Par quoi commencer ? Qui ne rêve pas de se soulager de tout ce qui l'opprime ? C'est pourquoi j'ai décidé de vous présenter sept étapes simples pour vous aider à y parvenir !

La force de la simplicité

Une vérité demeure très encourageante : nos initiatives n'ont pas à être compliquées ou difficiles pour fournir de grands résultats ! Et comme disait l'écrivain américain Henry David Thoreau, « nos vies sont gaspillées par les détails ». Il faut donc simplifier ! Voici de petites initiatives qui peuvent apporter de grandes améliorations en ce domaine :

1. Gardez une perspective honnête sur votre vie.

Prenez un instant pour examiner toutes les responsabilités et les activités que vous avez. Est-ce que certains choix alourdissent inutilement votre vie et mériteraient d'être reconsidérés ? Ce qui était pertinent il y a quelques semaines ou quelques mois – voire quelques années – ne l'est peut-être plus autant. Si vous êtes honnête, vous trouverez probablement au moins une chose qui vous draine inutilement de l'énergie et que vous pouvez éliminer. N'hésitez pas à répéter souvent ce type de vérification : elle se situe à la base de la simplicité !

2. Éliminez tout ce dont vous n'avez pas besoin.

Avec le temps, les objets s'accumulent et entravent le bon fonctionnement de notre vie. L'idée, ici, n'est pas tant de se libérer du temps, mais plutôt de l'espace. Diogène de Sinope, un philosophe de la Grèce antique, avait choisi un tonneau pour toute demeure. Cela l'aidait à se concentrer sur l'essentiel, disait-il...

En plus de l'espace perdu, les choses que nous accumulons nous font souvent perdre le temps que nous consacrons à les gérer inutilement. Une stratégie consiste à ne garder que les choses qui sont essentielles à ce que vous faites vraiment. *Exit* le fameux «au cas où»... En d'autres mots, éliminez tout ce que vous n'êtes pas sûr d'utiliser. Avec la sagesse du philosophe, vous créerez un contexte sobre qui vous aidera à vous concentrer sur ce qui compte vraiment.

3. Rien n'est parfait en ce bas monde...

Nous aimons souvent donner le meilleur de nous-mêmes jusqu'à... la perfection. Lorsque nous essayons d'atteindre la perfection, nous nous engageons sur une voie extrêmement exigeante. Ainsi, lorsque vous sentez monter en vous cette petite folie de perfection qui augmente la tension, prenez le temps de vous rappeler cette vérité toute simple : la perfection n'est pas de ce monde. Au lieu de la «perfection», vous choisirez alors ce qui est «vraiment bien», et la tension diminuera à l'avenant.

> Saviez-vous que le rasoir d'Occam, ou « le principe de simplicité », se retrouve à la base des recherches scientifiques. Il stipule qu'il est inutile de multiplier les raisons pour démontrer des faits explicables plus simplement, ou encore, que l'explication la plus simple est souvent la meilleure...

4. Acceptez de ne pas tout contrôler.

Il existe certaines choses auxquelles nous tenons beaucoup, mais que nous ne contrôlons pas. C'est le cas de nos enfants, par exemple. Nous désirons leur bonheur, mais lorsqu'un problème survient, nous sommes parfois prompts à remettre en question notre rôle de parent et la qualité de notre éducation.

Simplifier consiste donc aussi à laisser aller tout ce que nous ne contrôlons pas, même les sujets importants et riches en émotions négatives. En vous concentrant moins sur ce qui *devrait* se produire, mais que vous ne contrôlez pas, vous concentrerez votre énergie sur les meilleures dimensions de ce que vous pouvez améliorer.

5. Vivez pleinement votre spontanéité.

La routine a ses avantages, notamment en ce qu'elle minimise les mauvaises surprises. Par contre, une vie trop routinière devient morne et perd rapidement son attrait. Il est salutaire de s'ouvrir à la nouveauté, de se surprendre. La spontanéité est la voie royale pour y parvenir. Laissez-vous des moments de choix spontanés où seuls vos goûts dans l'instant sont en droit de décider, des moments qui sortent de toutes vos contingences. Cela allégera votre esprit et simplifiera votre quotidien.

6. Réduisez vos dettes.

Cette stratégie peut apporter des avantages inusités à votre vie. Selon Statistique Canada et la Banque du Canada, le taux d'endettement moyen des ménages a atteint 124 % en 2005. Et ce taux a monté à 144 % en 2010 ! La simplification de vos finances personnelles réduira votre niveau de stress et la pression que vous vivez. Puis, une fois que vos dettes auront atteint une proportion plus acceptable, veillez à ne pas les faire enfler derechef !

7. Le « kit de survie » pour vous simplifier la vie au XXIe siècle.

René-Louis Comtois, formateur et conférencier spécialisé en gestion du temps, partage avec nous ses stratégies éprouvées pour nous simplifier la vie :

• **Planifiez au quotidien.** Plus le tumulte est grand, plus il est impératif de planifier. Cela dit, planification ne signifie pas pour autant rigidité.

• **Luttez contre le syndrome de l'action immédiate.** Au lieu de vous disperser, le simple fait de terminer l'action en cours augmentera considérablement votre sentiment d'accomplissement.

- **Apprenez à être satisfait.** Un drame de notre société d'abondance est de nous suggérer un trop grand nombre de choix. Inspirez-vous plutôt d'Épicure, philosophe de l'Antiquité, qui encourageait ses contemporains à être heureux en désirant moins.

- **Prenez le temps de vous arrêter.** Prenez le temps de respirer et de vous retirer dans le silence. Cela diminuera votre niveau de stress et vous aidera à être bien avec vous-même.

Des pistes pour approfondir le sujet

Que pouvez-vous commencer à simplifier dès maintenant dans votre vie ?

_____

_____

_____

_____

_____

_____

Y a-t-il des souvenirs négatifs que vous ressassez encore et qui contribuent à un certain malaise ? Si c'est le cas, pour vous simplifier la vie, vous pouvez constater que vous ne pouvez rien y changer.

_____

_____

_____

_____

_____

Existe-t-il des malentendus et des non-dits qui se sont glissés dans les relations avec les gens qui comptent pour vous et qui ont contribué à vous éloigner d'eux ? Si c'est le cas, simplifiez vos relations en abordant franchement, mais dans le respect, ce qui cloche. Notez ce que vous pouvez dire, prenez votre courage à deux mains et passez à l'action rapidement pour améliorer les choses.

_____

_____

_____

_____

_____

_____

_____

Des suggestions pour aller plus loin

- René-Louis Comtois, formateur et conférencier (www.formations qualitemps.ca).

Est-ce que j'exprime suffisamment ma gratitude ?

*D*epuis Bouddha et Cicéron, les maîtres spirituels et les philosophes n'ont cessé de célébrer la gratitude. Aujourd'hui, les recherches en psychologie le confirment, la gratitude rend heureux et favorise la santé. Découvrez tout ce qu'elle peut vous apporter !

Exprimez-vous votre gratitude par rapport à la vie ?

Qu'est-ce au juste que la gratitude ? La gratitude est la reconnaissance que nous exprimons envers une personne ou une situation qui nous apporte quelque chose. La gratitude s'accompagne d'un sentiment profond et positif qui contribue à nous rendre heureux.

Exprimez-vous suffisamment votre gratitude ? Que vous possédiez peu ou beaucoup, vous gagnez énormément à prendre conscience de ce que vous avez et que vous appréciez. Ce petit effort permet de profiter davantage du moment présent.

Tous les avantages à exprimer votre gratitude

La gratitude vous apporte à différents niveaux. Des recherches en psychologie ont démontré que la gratitude améliorait le bien-être émotionnel[7]. Par exemple, les participants à une étude qui devaient exprimer leur gratitude se sont sentis mieux tout de suite

> Saviez-vous que la gratitude est une composante essentielle des relations saines et constitue une manifestation d'intelligence émotionnelle et d'intelligence sociale ?

après l'exercice, particulièrement si la gratitude était dirigée envers une personne.

Nous pouvons tous vivre de la gratitude. Cela dit, certaines personnes sont plus enclines à l'exprimer que d'autres. Et pourquoi gagnons-nous à nous exercer à le faire ? Parce que les personnes qui vivent de la gratitude plus souvent tendent à être plus heureuses, à pardonner plus facilement et à être moins déprimées que les autres[8] !

Tissez des liens plus solides avec les autres

Même si vous pouvez adresser votre gratitude à la vie, vous gagnez également à l'entretenir dans vos relations avec les autres. Votre gratitude montre aux autres que vous appréciez leur présence, que vous êtes en relation avec eux pour de bonnes raisons. Des études ont démontré que les personnes qui vivaient de la gratitude étaient plus enclines à adopter des attitudes « prosociales », c'est-à-dire constructives pour leurs relations avec les autres[9]. Entre autres résultats, le fait d'exprimer votre gratitude envers une personne lui donnera davantage envie de vous aider ou de vous favoriser dans l'avenir.

> « Si la seule prière que vous dites dans toute votre vie est "merci", cela sera suffisant. »
> — Maître Eckhart

Dolly Demitro, auteure et spécialiste des relations, connaît bien l'importance de la gratitude. Elle nous propose une réflexion intéressante sur le sujet : « Si nous sommes ce que nous sommes aujourd'hui, c'est grâce en partie aux personnes qui ont croisé notre route. Certaines ont fait une grande différence dans notre vie et bien souvent sans le savoir. Elles nous ont influencés à prendre des décisions, à accomplir des gestes selon les situations vécues afin de nous améliorer et de grandir. Nous gagnons à prendre le temps de nous arrêter et de faire une liste de toutes ces personnes en leur livrant personnellement un message de gratitude, un appel téléphonique, une lettre, un courriel, pour les remercier de ce qu'elles nous ont apporté. »

> Nourrissez votre gratitude, elle est à la base de tout ce que vous recevrez.

Exercez votre gratitude !

Voici un bref exercice qui vous aidera à vivre de la gratitude. Prenez des feuilles, un crayon, et répondez aux questions suivantes. Utilisez des phrases vivantes et excitantes. Elles nourriront vos émotions positives qui, à leur tour, vous donneront envie d'adopter les actions qui produiront de bons résultats :

- *Pourquoi êtes-vous bien et heureux actuellement ? N'omettez aucune petite raison qui vaut la peine d'être mentionnée.*

- *Qui sont les personnes importantes qui vous apportent quelque chose de positif ? Que vous apportent-elles ?*

- *En quoi votre vie s'améliorera-t-elle avec le temps ? Fournissez les détails de tout ce qui est important pour vous. S'agit-il de votre santé, de vos relations, de vos objectifs, de vos finances, etc. ? Et pensez surtout à la chance que vous avez !*

La gratitude est bonne pour la santé !

Les avantages de la gratitude ne s'arrêtent pas au bonheur et aux relations fructueuses ! Le Dr Robert Emmons de l'Université de Californie à Davis a constaté qu'un degré élevé de gratitude augmentait la vigilance, l'enthousiasme, l'optimisme et le niveau d'énergie. Ce n'est pas tout ! Parmi les personnes qu'il a étudiées, celles qui faisaient le plus preuve de gratitude étaient moins stressées. Elles étaient également plus enclines à faire de l'exercice et à réaliser leurs objectifs. Autant de bonnes raisons de vous exercer chaque jour à la gratitude !

Une histoire pour réfléchir

Dans une contrée éloignée, pendant des jours de grande sécheresse, un jeune homme cherchait de l'eau pour se désaltérer. La chance lui sourit et il trouva une petite source. Malheureusement, l'eau de la source n'était pas la plus pure. Il se désaltéra néanmoins et remplit sa gourde à ras bord. De retour à son village, il croisa deux de ses amis. Croyant qu'ils étaient assoiffés comme il l'avait été, le jeune homme leur offrit sa gourde. Le premier but, sourit et remercia son ami. Le second but ensuite, mais il grimaça et ne dit rien. Après le départ de leur ami, le second dit au premier : « Comment as-tu pu le remercier ? Le goût de cette eau était immonde ! » Le premier répondit : « Tu n'as goûté que l'eau. Moi, j'ai goûté au cadeau, et c'est ce qui m'a rempli de gratitude. »

Nous nous préoccupons souvent davantage de la valeur de ce que nous recevons que de celle du geste. La gratitude nous permet de reconnaître la pureté des intentions qui s'expriment de maintes manières lorsque les autres tentent de nous faire plaisir.

Aide-mémoire pour exercer votre gratitude

Voici une liste de dimensions à travers lesquelles vous pouvez exercer votre gratitude dans votre vie. Pensez à tout ce que vous avez dans chacune de ces dimensions et songez aux manières dont vous pouvez être reconnaissant. Cela multipliera vos occasions d'être heureux avec ce que vous avez :

Quels sont vos rêves (des millions de personnes sur terre n'ont pas le luxe de rêver tellement leurs conditions de vie sont difficiles et leur avenir peu radieux) ?

_____

_____

_____

Qu'appréciez-vous de votre vie au quotidien ? En quoi pouvez-vous
« profiter du moment présent » ?

En quoi pouvez-vous être fier de vous-même (vos réalisations, vos
apprentissages, vos bonnes actions, etc.) ?

Qu'aimez-vous à votre travail ? Quels sont les avantages à l'avoir, en plus du salaire qu'il vous apporte ?

_____

_____

_____

_____

_____

_____

_____

_____

_____

Des suggestions pour aller plus loin

- Dolly Demitro, *Accros à l'amour*, Éditions de l'Homme, 2008, 152 p.

- Site http://en.wikipedia.org/wiki/Gratitude.

Est-ce que je continue à apprendre pour vivre une vie riche sur tous les plans ?

*A*imez-vous apprendre ? Considérez-vous avoir cessé d'apprendre en sortant de l'école ? L'apprentissage continu constitue un atout avec lequel nous devrons de plus en plus savoir composer. Découvrez comment l'apprentissage peut vous aider à améliorer votre vie !

Apprendre n'a jamais été si important

Avez-vous remarqué que le monde change à vive allure ? Internet, les nouvelles technologies et l'économie mondialisée ont édifié la société du savoir. Dans cette nouvelle société, c'est le travail associé à la création et à l'utilisation des connaissances davantage que le travail physique qui produit de la valeur. Aujourd'hui, sur trois employés, on compte deux travailleurs du savoir. C'est le double par rapport aux années 1980, et cette révolution est loin d'être terminée !

De ce point de vue, l'apprentissage et l'innovation constituent la clé du succès (et de la survie) sur le plan culturel et économique au XXIe siècle. Et la capacité d'apprendre à apprendre est une qualité qui vous aide à avancer dans toutes les directions. Vous pouvez apprendre sur tous les domaines, des arts culinaires à l'astrophysique !

> Saviez-vous que, contrairement aux idées reçues, des recherches ont démontré que le cerveau de l'être humain peut se régénérer et apprendre à tout âge.

Un projet intitulé « Apprendre à apprendre » est même soutenu par l'Union européenne. Son but ? Favoriser la capacité d'apprentissage à travers les dimensions suivantes :

- Développer ses capacités d'apprentissage : résoudre des problèmes, prendre des notes, résumer, rendre compte, partager avec les autres, etc.

- Favoriser l'exploration, l'innovation, la découverte, etc.

- Prendre conscience de la manière d'apprendre propre à chacun.

Des stratégies pour apprendre davantage et plus facilement

Vous avez envie de vous renouveler et de construire à votre manière votre vie tout en contribuant à la société ? Vous trouverez ci-dessous quelques stratégies pour vous aider à apprendre.

Dépassez le manque de confiance, l'orgueil et la peur de l'inconnu. Pour apprendre, vous devez d'abord admettre que vous pouvez vous améliorer, car il peut être embarrassant de vous retrouver devant ce que vous ignorez. Si vous apprenez en compagnie d'autres personnes, n'ayez pas peur de poser des questions : en plus d'augmenter votre compréhension, vous rendrez service à tous ceux qui se posaient la même question, mais qui n'osaient pas la poser.

> « Celui qui ne se perd pas ne découvrira jamais de nouveaux chemins. »
> — Joan Littlewood

Nourrissez votre motivation. Pour apprendre, vous devez avoir la détermination d'avancer, surtout dans les moments difficiles. Si vous savez pourquoi vous apprenez, si vous valorisez clairement votre apprentissage (parce que vous développez vos compétences, vous vous améliorez, etc.), il sera beaucoup plus facile de vous motiver. C'est ainsi que vous traverserez les étapes les plus ardues ou les plus ennuyantes de vos apprentissages.

Vivez une étape à la fois. Bien qu'il soit important de vouloir apprendre, n'attendez pas un miracle ou une révolution. L'apprentissage ressemble à la vie : nous ne pouvons connaître d'avance toutes les étapes à traverser pour progresser véritablement. Si vous vous laissez le temps, vous avancerez lentement, peut-être, mais sûrement !

Cultivez votre esprit critique. Saviez-vous que vous avez souvent raison d'avoir tort ? Rien ne nuit plus à l'apprentissage que la peur de se tromper. Lorsque vous exercez votre esprit critique, vous vous donnez l'occasion de corriger de fausses croyances et, ainsi, de raffiner vos apprentissages. Ne vous fiez pas seulement aux autres lorsque vous vous forgez une opinion. Consultez plusieurs sources et nuancez sans cesse vos conclusions.

> Vous n'avez pas à tout connaître tout de suite. Avancez d'abord et, si vous savez regarder, les découvertes s'imposeront à vous.

Restez ouvert à l'innovation. Parfois, il suffit d'une petite étincelle pour mettre le feu aux poudres. Autrement dit, la découverte d'une petite chose peut vous permettre de voir votre vie ou vos connaissances sous un jour nouveau. C'est l'éclair de génie, l'eurêka ! Si vous gardez votre esprit ouvert, vous ne laisserez pas passer l'occasion de créer à travers ce que vous apprenez.

> La direction de votre vie découle de votre capacité à trouver ce qui crée en vous l'état le plus positif, et de le rechercher ensuite.

Apprendre à tout âge

Saviez-vous qu'il est également très avantageux d'apprendre toute sa vie pour garder la santé... mentale ? Les recherches en psychopédagogie et en andragogie tendent à démontrer que le fait d'apprendre peu conduit à des pertes dans l'utilisation de facultés de base comme la langue ou le calcul. Le cerveau a en effet besoin d'être sans cesse actif pour rester jeune et établir de nouvelles connexions. La bonne nouvelle ? Il n'y a pas que les apprentissages au sens traditionnel qui donnent des résultats. Les activités sociales, ludiques, les voyages, la lecture et même plusieurs loisirs aident à conserver nos capacités intellectuelles. Il s'agit là d'une bonne nouvelle ! Si vous désirez garder votre esprit agile toute votre vie, assurez-vous de mettre plusieurs de ces activités au programme chaque semaine.

VOICI QUELQUES-UNES DES DIMENSIONS FONDAMENTALES ASSOCIÉES À L'APPRENTISSAGE :

- les expériences et les croyances de chacun ;
- les processus et les stratégies utilisés pour apprendre ;
- les capacités de la mémoire ;
- le degré de concentration ;
- la motivation et le désir d'apprendre ;
- l'appropriation de nouvelles connaissances à travers la créativité.

Des suggestions pour aller plus loin

Canal U – L'université de tous les savoirs
Pour parfaire vos connaissances grâce à Internet en visionnant un grand nombre de cours et de conférences sur divers sujets et pour différents niveaux. www.canalu.fr

La Téluq – L'université à distance de l'UQAM
L'un des programmes de formation continue à distance les plus complets au Québec. www.teluq.ca

Projet «apprendre à apprendre» soutenu par le Fonds social européen pour créer des ressources en ligne et favoriser l'apprentissage. www.apprendre-a-apprendre.eu

Quelques livres intéressants

Jean-Luc Deladrière, Frédéric Le Bihan, Pierre Mongin et Denis Rebaud, *Organisez vos idées avec le Mind Mapping,* Dunod, 2006, 157 p.

Écoutez vos idées, vos inspirations et vos passions, car elles vous aideront à vous rendre plus rapidement là où vous le désirez !

Jérôme Saltet et André Giordan, *Apprendre à apprendre*, J'ai Lu, 2007, 94 p.

Tony Buzan, *Une tête bien faite*, Éditions d'Organisation, 2004, 184 p.

Est-ce que je suis un candidat à l'épuisement (professionnel ou non) ?

« L'habitude du désespoir est pire que le désespoir lui-même. »
— ALBERT CAMUS

*R*essentez-vous une perte de motivation pour votre travail ou dans vos activités quotidiennes ? Êtes-vous stressé ? Doutez-vous de vos capacités et avez-vous l'impression de perdre le contrôle ? Prenez garde, vous êtes peut-être au seuil du *burn-out* ! Nous avons vu précédemment quel était le rôle du stress, mais le *burn-out* en est l'horrible conséquence, et il peut vous guetter toute votre vie ! C'est pourquoi il est important de découvrir quelques astuces pour comprendre et prévenir cet ennemi du bien-être.

Qu'est-ce que le *burn-out*?

Le *burn-out*, ou syndrome d'épuisement professionnel, découle d'une exposition prolongée à un stress et touche toutes les professions. Il vaut donc mieux rester à l'affût pour éviter de compter parmi ses victimes !

Quel est le processus physiologique qui mène au *burn-out*? Il faut d'abord qu'une personne se trouve dans un contexte où le stress est constant (frustrations répétées, pression, environnement désagréable, conflits durables, etc.). Le stress est naturel et vise à faire face à ces difficultés, il active donc l'hypothalamus, une grappe de cellules du cerveau qui régule les fonctions comme l'appétit et le sommeil. À son tour, l'hypothalamus active l'hypophyse, qui produit une hormone nommée ACTH. Cette hormone se retrouve dans le sang et active les glandes surrénales qui produisent du cortisol. Le cortisol permet au corps de bien réagir au stress. Il mobilise globalement l'organisme et exploite son énergie pour faire face à la situation stressante qui est perçue comme une agression.

> Il ne faut pas attendre d'être malade et fatigué pour choisir de donner la priorité à son bien-être !

Le problème dans tout cela ? Si le stress est constant, le cerveau continue de « commander » du cortisol dont l'usage est censé être de courte durée. Ce dérèglement gaspille les ressources du corps et conduit progressivement à une perte de motivation, d'énergie et de bien-être.

Voici certaines personnes qui sont à risque de faire un burn-out :

- *Les personnes qui se valorisent beaucoup par leurs performances professionnelles.*

- *Les personnes qui fuient les dimensions désagréables de leur vie en se réfugiant dans leur travail (workaholisme).*

- *Les personnes dont les centres d'intérêt principaux concernent essentiellement leur travail.*

- *Les personnes qui entretiennent des standards élevés de réussite et de performance.*

Tout faire tout de suite !

Il n'est pas surprenant que le *burn-out* soit aussi fréquent. Notre société qui valorise la performance nous porte à vouloir tout faire tout de suite. Nous avons de la difficulté à dire non et nous nous en mettons beaucoup trop sur les épaules !

Selon la *coach* Suzanne Peters et le neuropsychiatre Patrick Mesters, auteurs du livre *Vaincre l'épuisement professionnel*, les entreprises doivent porter attention au *burn-out*. Les auteurs précisent que les entreprises devraient mettre sur pied des programmes de prévention pour éviter que leurs employés ne sombrent dans cet enfer. Ainsi, tout le monde en sortirait gagnant.

Des pistes de solution

Vous trouverez ci-dessous quelques stratégies qui vous aideront à prévenir les contextes propres à vous faire vivre un *burn-out*.

> Lorsque vous choisissez d'arrêter à cause de la fatigue, dites-vous que c'est l'attitude la plus responsable. Il n'y a aucune paresse là-dedans !

Entretenez de bonnes relations au travail. Les relations interpersonnelles sont essentielles au bien-être. Des relations saines et une communication efficace laissent peu de place aux malentendus, sources d'erreurs et de stress.

Acceptez le changement. La seule constante de la vie, c'est le changement ! Cependant, il est parfois difficile de l'accepter. Pourtant, chaque fois que vous vous battez contre ce que vous ne pouvez pas changer, vous gaspillez votre précieuse énergie et vous vivez plus de stress. Concentrez-vous davantage sur ce que vous pouvez vraiment améliorer.

Votre style de vie et votre personnalité. Quels sont vos idéaux ? Devez-vous accomplir de grandes réalisations professionnelles pour vous donner de la valeur ? Si vous voulez tout faire en même temps et que vous avez tendance à agir avec agressivité et impatience, il est peut-être temps de réviser votre vision des choses pour éviter de tout perdre.

Concentrez-vous sur les solutions et non sur les problèmes. Il est facile de vivre du stress et de gaspiller son énergie en se concentrant seulement sur les problèmes. À la place, faites le constat du problème, mais concentrez-vous seulement sur les solutions constructives que vous pouvez apporter.

> Nous vivons tous dans le désir d'améliorer notre sort. Nous sommes si différents, mais tellement semblables tout à la fois.

Prévoyez votre repos et vos temps libres. Prévoyez du temps pour vous reposer et pour passer des moments de qualité avec vos proches.

Le *burn-out* se cache souvent derrière une foule d'activités qui vous empêchent de ressentir votre corps. Portez donc attention à votre *niveau réel* de fatigue.

Pendant ces périodes, décrochez complètement de vos autres responsabilités. Cela vous reposera en profondeur et vous disposerez de meilleures ressources pour reprendre votre travail par la suite.

Voïci des questions et des pistes pour vous aider à diagnostiquer le *burn-out* :

• Vous fatiguez-vous plus facilement qu'auparavant ?

• Travaillez-vous de plus en plus sans avoir l'impression de produire les résultats que vous désirez ?

• Ressentez-vous souvent de la tristesse sans pouvoir en expliquer la cause ?

• Êtes-vous moins motivé et plus cynique ?

• Êtes-vous plus nerveux et irritable qu'auparavant ?

• Êtes-vous trop occupé pour faire des choses agréables avec vos proches et vos amis ?

• La fréquence de vos problèmes physiques augmente-t-elle (maux de tête, par exemple) ?

• Éprouvez-vous une baisse globale de votre appréciation de la vie ?

Si vous avez répondu oui à plusieurs de ces questions, soyez à l'écoute de votre corps et reposez-vous. Il se peut que vous soyez au seuil du *burn-out*. Retenez ensuite le plus possible des stratégies présentées plus haut et appliquez-les sans tarder.

Des stratégies pour éviter le burn-out

1. L'entraînement autogène du docteur Schultz.

Le but de cet exercice est de vous changer les idées et de vous reposer en peu de temps, même si vous êtes au travail. Cette manière simple et efficace de vous relaxer consiste à suivre les étapes suivantes :

- Installez-vous confortablement sur votre chaise ou étendez-vous et fermez les yeux.

- Concentrez vos pensées à ressentir votre corps.

- Tour à tour, concentrez-vous à ressentir une partie de votre corps en vous disant intérieurement en expirant : « Mon bras gauche est lourd » ou « Mon bras droit est lourd » et ainsi de suite avec chaque partie de votre corps.

- Laissez passer un moment entre chaque partie de votre corps et dirigez votre attention à ressentir surtout la partie sur laquelle vous vous concentrez.

2. Connaissez-vous l'imagerie mentale ?

Cette stratégie vise à vous aider à modifier la façon de vous percevoir ou de percevoir une situation anxiogène. Elle consiste à remplacer les images négatives que vous entretenez vis-à-vis d'un contexte stressant par des images plus positives. Par exemple, avant de faire une présentation lors d'une réunion d'équipe, visualisez un vaste paysage dont l'horizon est couvert de vertes landes et de montagnes. Respirez l'air frais qui emplit vos poumons.

La pratique régulière de cette technique vous aidera à diminuer vos peurs ou vos sensations désagréables par rapport aux situations que vous considérez comme problématiques. Elle peut aussi augmenter votre motivation et votre confiance.

Des suggestions pour aller plus loin

- Alain Marillac, *La relaxation immédiate,* Éditions de Mortagne, 1983, 95 p.

- Jacques Lafleur, *Le burn-out, l'épuisement professionnel – Questions et réponses : choisir sa vie !,* Éditions Logiques, 2006, 287 p.

- Suzanne Peters et Patrick Mesters, *Vaincre l'épuisement profes-sionnel : toutes les clés pour comprendre le burn-out,* Robert Laffont, 2007, 251 p.

Est-ce que mes relations avec les autres sont extraordinaires ?

C'est aux racines de l'amitié que croît chaque jour l'arbre du bonheur.

*D*es études scientifiques le démontrent depuis longtemps : nos relations avec les autres contribuent à améliorer profondément notre expérience de la vie. De bonnes relations diminuent le stress et nous aident à mieux nous connaître. Mais, qu'est-ce qu'une relation ? Une relation est un lieu où l'on donne d'abord, et non un lieu où l'on prend. Je vais vous présenter sept clés qui vous aideront à entretenir des relations extraordinaires pour le reste de votre vie !

Première clé : le respect

Le besoin d'être respecté et reconnu est fondamental dans toutes les relations. Si vous ne comprenez ni ne respectez les besoins, les champs d'intérêt et les valeurs des autres, vous ne leur exprimez pas de respect. Cela occasionne des différends et appauvrit vos relations. Sans respect, les relations sont condamnées à rester superficielles et insatis-faisantes. Si vous acceptez globalement les autres et que vous n'essayez pas de les changer, ils ne se sentiront pas jugés et vous respecteront à leur tour !

> L'un des pires ennemis des relations consiste à ne pas comprendre ni accepter la vision du monde des autres.

Seconde clé : la confiance

Que sont les relations sans confiance ? Dans nos relations, la confiance permet aux autres de constater que nous sommes là pour de bonnes raisons. La confiance découle du respect et elle permet aux autres de se sentir complètement eux-mêmes en notre compagnie. C'est également dans la confiance que naît l'intimité. L'intimité nous permet d'approfondir nos relations, de connaître les autres au-delà de la pluie et du beau temps. N'est-ce pas là la définition d'une relation enrichissante ?

> La meilleure manière d'enrichir vos relations interpersonnelles consiste à aimer les autres avec sincérité.

Troisième clé : le partage

La qualité de nos relations dépend de la qualité de ce que nous partageons avec les autres. Or, dans notre monde de consommation, nous sommes parfois portés à monnayer nos relations : « Je ferai ceci seulement si tu fais cela. » Cette attitude favorise l'égocentrisme et les conflits, car chacun se met à comptabiliser ce qu'il fait pour les autres, qui doivent rendre rapidement la pareille. Cette attitude fait éclore le doute et la comparaison.

Au contraire, le partage nous demande de donner sans rien attendre en retour. C'est ce qui fait naître le cercle vertueux de la réciprocité : si je donne gratuitement, les autres me donneront eux aussi gratuitement. C'est ainsi que, collectivement, nous nous améliorons. Le calcul est remplacé par le don de soi, qui inspire à son tour le soutien de la part des autres. Le partage fonde ainsi des relations durables, encourage le respect, la confiance et l'attachement profond.

Mais, attention ! Il y a des limites à donner sans attendre en retour. Une relation de partage n'est possible que si tout le monde utilise les mêmes « règles » altruistes. Si vous donnez sans attendre en retour à une personne qui reçoit sans partage, de manière égoïste, vous risquez de vivre une relation vampirique, qui est peut-être pire que la relation comptable... Comme en tout, il faut savoir garder l'équilibre.

Quatrième clé : le compromis

Entrer en relation avec les autres implique toujours qu'il y ait des divergences entre les champs d'intérêt et les manières de voir la vie. Chaque relation demande que nous mettions de côté une partie de nos priorités pour nous ouvrir à ce que les autres sont, pensent et désirent. Par exemple, quand un conflit survient entre deux personnes qui possèdent un caractère affirmé, aucune d'entre elles ne veut plier pour ne pas donner « raison » à l'autre. Cette attitude, fondée sur l'orgueil, assure que les relations se détérioreront puisqu'elle fait croître l'agressivité et nuit à la communication. Si nous ne pensons qu'à nous-mêmes, aucun compromis n'est possible. Pour qu'il y ait relation, il doit donc y avoir compromis.

> Les plus beaux petits moments du monde viennent de l'étincelle que l'on allume chez les autres en leur disant merci.

Cinquième clé : l'empathie

Le dalaï-lama décrit la compassion comme la manière la plus fondamentale de rejoindre les autres. Si nous nous concentrons sur ce qui nous rejoint, et non sur ce qui nous oppose, nous nourrissons cette compassion. Ainsi en est-il de l'empathie. L'empathie est la capacité à se mettre à la place des autres pour prendre conscience de ce qu'ils vivent. Elle implique l'effort de comprendre le point de vue et les émotions des autres avant de réagir. L'empathie favorise l'échange, la confiance et le respect.

Sixième clé : la collaboration

La collaboration découle d'une constatation simple : j'obtiendrai plus si j'aide les autres et que les autres m'aident que si je reste tout seul. La collaboration décuple nos forces et nos possibilités, à condition que tous participent ! La collaboration est donc aux relations ce que l'huile est aux rouages d'une machine. Puis, pour collaborer efficacement,

> Pour cultiver vos relations interpersonnelles, concentrez-vous sur ce qui vous unit aux autres et non sur ce qui vous en éloigne. C'est ainsi que naît la compassion véritable.

217

SE POSER LES BONNES QUESTIONS

nous devons rester ouverts. Sans cette ouverture, nous demeurons centrés sur notre personne. C'est pourquoi la collaboration nous demande de reconnaître que les autres ont besoin de notre soutien autant que nous avons besoin du leur.

> La gratitude nourrit les relations et enrichit la vie.

Septième clé : la communication

La dernière clé, mais non la moindre, est la communication. Comment pouvons-nous espérer des relations extraordinaires si nous n'exprimons pas aux autres ce que nous pensons ? La communication favorise la compréhension mutuelle et nous aide à dissiper les malentendus. Une communication honnête et respectueuse nous permet d'approfondir nos relations avec les autres, car si nous leur cachons des choses, ils ne pourront jamais nous percevoir tels que nous sommes et ne nous feront jamais complètement confiance. Des lacunes dans la communication nuisent au respect et empêchent l'intimité qui forme le ciment des relations.

> La parole est le meilleur moyen de traduire ce qui se trouve dans le cœur.

TEST

Savez-vous écouter les autres ?

Avez-vous de bonnes aptitudes à écouter les autres ? La plupart des gens estiment qu'ils écoutent bien les autres sans toutefois considérer l'importante différence entre le fait d'entendre et le fait d'écouter… La capacité à écouter les autres est une aptitude qui n'est pas innée et que nous pouvons tous développer. L'écoute consiste à porter attention à l'autre et à faire un effort conscient pour bien intégrer ce qu'on nous dit. Nous tenons souvent pour acquise notre capacité à écouter sans savoir à quel point cette aptitude joue un rôle important dans la qualité de nos relations.

Alors, êtes-vous le genre de personne qui laisse les paroles des autres entrer par une oreille et sortir par l'autre ? Au contraire, est-ce que votre écoute est active, profonde, respectueuse et empathique ?

Lisez avec attention chacun des énoncés suivants et indiquez à quel point vous êtes d'accord. Si vous trouvez que certaines questions ne sont pas pertinentes et ne décrivent pas des situations que vous vivez, ne répondez pas et retranchez cinq points au chiffre présenté dans l'interprétation pour chaque question à laquelle vous n'aurez pas répondu :

* J'ai de la difficulté à me souvenir de ce dont les autres m'ont parlé après une conversation.
  1. La plupart du temps
  2. Souvent
  3. Parfois
  4. Rarement
  5. Presque jamais

* Je fais autre chose pendant qu'une personne me parle (cuisiner, travailler à l'ordinateur, écouter de la musique, etc.).
  1. La plupart du temps
  2. Souvent
  3. Parfois
  4. Rarement
  5. Presque jamais

* Les autres se plaignent que je ne les écoute pas.
  1. La plupart du temps
  2. Souvent
  3. Parfois
  4. Rarement
  5. Presque jamais

* Je pose peu de questions sur le sujet dont les autres me parlent ou au sujet de leur personne.
  1. La plupart du temps
  2. Souvent
  3. Parfois
  4. Rarement
  5. Presque jamais

- Je cherche des moyens de faire bifurquer la conversation lorsque le sujet ne m'intéresse pas.
  1. La plupart du temps
  2. Souvent
  3. Parfois
  4. Rarement
  5. Presque jamais

- Je montre des signes d'impatience lorsque les autres «tournent autour du pot».
  1. La plupart du temps
  2. Souvent
  3. Parfois
  4. Rarement
  5. Presque jamais

- Je me fatigue rapidement de la conversation lorsque je ne la contrôle pas (choisir le sujet, par exemple).
  1. La plupart du temps
  2. Souvent
  3. Parfois
  4. Rarement
  5. Presque jamais

- Je pense à des sujets qui n'ont pas de rapport avec la conversation pendant que l'autre me parle.
  1. La plupart du temps
  2. Souvent
  3. Parfois
  4. Rarement
  5. Presque jamais

- Je termine les phrases des autres lorsque j'en ai l'occasion.
  1. La plupart du temps
  2. Souvent
  3. Parfois
  4. Rarement
  5. Presque jamais

- Je ne porte pas particulièrement attention au langage non verbal des autres.
  1. La plupart du temps
  2. Souvent
  3. Parfois
  4. Rarement
  5. Presque jamais

- J'exprime indirectement ma désapprobation lorsque je ne suis pas d'accord avec ce que les autres me disent (froncer les sourcils, par exemple).
  1. La plupart du temps
  2. Souvent
  3. Parfois
  4. Rarement
  5. Presque jamais

- Je réfléchis à ce que je vais dire à l'autre pendant que l'autre est en train de parler.
  1. La plupart du temps
  2. Souvent
  3. Parfois
  4. Rarement
  5. Presque jamais

- J'interromps souvent lorsque j'ai quelque chose à ajouter à la conversation sans que l'autre ait terminé.
  1. La plupart du temps
  2. Souvent
  3. Parfois
  4. Rarement
  5. Presque jamais

- J'interromps une conversation, même sérieuse, pour répondre à un appel téléphonique.
  1. La plupart du temps
  2. Souvent
  3. Parfois
  4. Rarement
  5. Presque jamais

- Lorsqu'une personne me partage les difficultés qu'elle vit, cela prend peu de temps avant que je ne lui prodigue mes conseils.
  1. La plupart du temps
  2. Souvent
  3. Parfois
  4. Rarement
  5. Presque jamais

- J'ai de la difficulté à me concentrer sur ce qu'une autre personne me dit lorsqu'elle ne parle pas bien (grammaire, choix des mots, etc.).
  1. La plupart du temps
  2. Souvent
  3. Parfois
  4. Rarement
  5. Presque jamais

- J'utilise peu les marques d'attention lorsque les autres parlent (avoir un contact visuel, hocher la tête, faire « hum, hum », etc.).
  1. La plupart du temps
  2. Souvent
  3. Parfois
  4. Rarement
  5. Presque jamais

- Lorsque j'échange avec une personne dans une salle remplie de gens, j'ai de la difficulté à ne pas porter attention aux autres conversations.
  1. La plupart du temps
  2. Souvent
  3. Parfois
  4. Rarement
  5. Presque jamais

- Je donne mes commentaires aux autres tout de suite après qu'ils ont terminé, sans prendre le temps de bien penser à ce que je vais dire.
  1. La plupart du temps
  2. Souvent
  3. Parfois
  4. Rarement
  5. Presque jamais

- Lorsque j'échange avec les autres, je ne porte pas attention au fait de leur faire face ou de bien les regarder.
  1. La plupart du temps
  2. Souvent
  3. Parfois
  4. Rarement
  5. Presque jamais

- Je n'attends pas que l'autre ait terminé avant de formuler un jugement sur ce qu'il a dit.
  1. La plupart du temps
  2. Souvent
  3. Parfois
  4. Rarement
  5. Presque jamais

- J'arrête les autres au milieu de leur phrase pour exprimer mon opinion si je ne suis pas d'accord avec ce qu'ils disent.
  1. La plupart du temps
  2. Souvent
  3. Parfois
  4. Rarement
  5. Presque jamais

Faites le total de vos réponses (additionnez les chiffres associés à vos réponses).

Votre résultat : _____

Interprétation

Plus le chiffre de votre résultat est élevé (de 22 à 110) et plus vous avez développé votre capacité à écouter vraiment les autres. Cela signifie que vos échanges sont plus constructifs et que vous minimisez les malentendus.

En dépit du fait que nous soyons nés avec deux oreilles, mais seulement une bouche, nous avons tendance à parler plus qu'à écouter. Nous tenons également pour acquise cette fameuse capacité à écouter... Pensez au nombre de malentendus qui pourraient être évités si chacun se concentrait à améliorer ses capacités à écouter les autres. L'écoute active est donc primordiale à la communication et aux relations constructives.

Quel est votre degré de satisfaction dans vos relations ?

Type de relation	Pourcentage de satisfaction	Importance que ce type de relation représente pour vous (sur 10)
En amour	___%	___
Avec vos parents	___%	___
Avec vos enfants	___%	___
Avec vos frères et sœurs	___%	___
Avec vos amis	___%	___
Avec votre patron	___%	___
Avec vos collègues	___%	___

Des pistes pour approfondir vos relations

Toute notre vie, nous aurons l'occasion de forger de nouvelles relations. Toutefois, les relations de plus grande valeur sont souvent celles qui durent depuis longtemps. Vous trouverez ci-dessous quelques astuces pour éviter de les reléguer aux oubliettes.

Reconnaissez l'importance de vos relations. Prenez conscience de toute l'importance que les personnes que vous aimez occupent dans votre vie.

Entretenez vos relations. Ce n'est pas parce que vous fondez une famille ou que vous avez une promotion que vous devez cesser de nourrir vos relations. Il ne s'agit parfois que de quelques minutes ou même d'un courriel pour donner signe de vie et entretenir des relations importantes.

Si vous désirez de bons amis, agissez en bon ami. Pour que les autres viennent à vous, vous devez agir avec respect et donner à vos amis toute l'attention qu'ils méritent.

Vous entendez-vous habituellement bien avec les autres ? Sinon, pourquoi ?

_____

_____

_____

_____

_____

Quel est le nombre de personnes avec qui vous êtes en relation ? Ce nombre vous satisfait-il ? Pourquoi ?

_____

_____

_____

Vous sentez-vous souvent en compétition avec les autres ? Si oui, relisez bien le contenu de la question qui porte sur la connaissance de soi et l'authenticité (page 19), car les rivalités naissent souvent d'un manque de confiance et d'estime de soi.

Est-ce que je vis souvent des conflits ? Quelle est leur fréquence ? Pourquoi ?

_____

_____

_____

_____

Choisissez une ou deux clés des relations extraordinaires que nous venons de voir et définissez quelques actions constructives que vous pouvez commencer dès aujourd'hui.

Des suggestions pour aller plus loin

- Alain Cardon, Vincent Lenhardt et Pierre Nicolas, *L'analyse transactionnelle, outil de communication et d'évolution*, Éditions d'Organisation, 1983.

- Karl Albrecht, *L'intelligence sociale, le nouvel art des relations humaines*, Éditions de l'Homme, 2007, 286 p.

Est-ce que je suis heureux ?

« Notre plus grande faiblesse vient de notre découragement. »
— THOMAS EDISON

*L*e bonheur semble être la quête de l'humanité, car ce sujet est très populaire depuis la nuit des temps. Cependant, il existe sans doute autant de définitions du bonheur qu'il existe de personnes dans le monde. Je ne pouvais donc réserver les dernières pages de ce livre à un autre sujet que le bonheur ! Les réflexions et les stratégies qui suivent vous aideront à augmenter votre degré de bien-être chaque jour.

Le plaisir, un « bonheur » éphémère

La quête du bonheur est universelle et passe par le désir fondamental d'améliorer notre sort. Cela dit, il ne faut pas confondre simplement le bonheur avec le plaisir, ce à quoi nous conduit souvent la société de consommation.

Il existe une distinction entre les moments intenses de plaisir, comme la joie et l'euphorie, et un bien-être plus profond. En effet, l'euphorie est très agréable, mais provient de la production de neurotransmetteurs, comme la dopamine, par notre cerveau. L'euphorie, comme la passion amoureuse, est l'état second que nous fait vivre naturellement notre cerveau dans des circonstances particulières. Toutefois, comme

> Nous agissons comme si le confort était une nécessité fondamentale alors que tout ce dont nous avons besoin, c'est d'être heureux et enthousiastes par rapport à la vie !

la consommation de drogue, cet effet ne peut durer éternellement, car notre corps finit par s'y habituer.

Travailler à notre bonheur chaque jour

Le bonheur habite tout au fond de nous, car il dépend de notre manière de voir la vie. Au-delà du plaisir, nous pouvons développer un état durable de satisfaction et d'harmonie. Ce bonheur ne tombe pas du ciel ; nous ne pouvons le cueillir dans un arbre comme un fruit mûr. Pour être heureux, nous devons fournir des efforts quotidiens et faire de notre bien-être un but qui nous mène à des actions concrètes. Voici quelques pistes qui vous aideront à développer un bonheur durable :

> Le bonheur ne tombe pas du ciel. Pour être heureux, vous devez clairement choisir d'atteindre ce but !

Éliminez les souffrances et les insatisfactions qui nuisent à votre bien-être. Vous pouvez identifier les situations qui vous rendent malheureux, comme les conflits, la procrastination et le fait de vous juger négativement. Concentrez-vous ensuite à éliminer un à un les malheurs qui nuisent à votre bien-être. Les pages de ce livre contiennent de nombreuses stratégies pour vous aider.

Comme le prescrit le dalaï-lama, cultivez ce qui vous rend heureux et qui contribue à rendre votre vie agréable. Le bonheur et votre réalisation demandent de consacrer des efforts à mieux vous connaître, à vous améliorer, à développer des relations agréables et constructives avec les autres. Seules des actions véritables qui vous aident à améliorer votre vie seront garantes de satisfaction et de paix d'esprit.

> Les personnes optimistes voient toujours les difficultés comme étant temporaires et extérieures à elles-mêmes.

Être heureux exige du travail et de la discipline. Toutefois, le jeu en vaut la chandelle, puisque les personnes heureuses sont plus ouvertes aux autres, croient dans leurs ressources et trouvent les moyens de se réaliser véritablement.

Voici également sept voies grâce auxquelles vous affermirez le bonheur au creux de vous-même :

1.   Donnez du sens à votre vie.

Qui êtes-vous ? Pourquoi faites-vous ce que vous faites chaque jour ? Nous vivons tous à notre manière, mais nous ne nous demandons pas toujours pourquoi nous faisons une chose plutôt qu'une autre. Le but de vos actions est propre à nourrir votre bien-être, car le sens de votre vie vous prodigue la motivation, la persévérance, la satisfaction et… le succès ! Si vous êtes insatisfait de votre quotidien, peut-être est-ce le moment de renouveler le sens que vous donnez à votre vie en vous interrogeant sur vos valeurs, vos objectifs et vos activités ? Il s'agira d'un premier pas – très important – en direction d'un mieux-être durable.

2.   Choisissez la gratitude.

Il est pratique de se donner des buts et de nourrir sa motivation, mais il ne faut pas tomber dans le déséquilibre. Nous sommes parfois aspirés par le maelström des événements sans prendre le temps de savourer la chance que nous avons. Nous désirons tous améliorer notre vie, et l'insatisfaction nous guette à chaque détour. Si vous avez un travail, que vous mangez à votre faim et que vous ne craignez pas pour votre sécurité, vous faites déjà partie d'un bien petit pourcentage de la population qui, sur la terre, coule son existence dans d'excellentes conditions. Cette prise de conscience vous aidera à profiter un peu plus de la chance et du bonheur dont la vie vous gratifie !

Un petit exercice pour nourrir la gratitude

Écrivez une liste des choses pour lesquelles vous avez de la gratitude :

*   Pourquoi êtes-vous bien maintenant ?

_____

_____

_____

- En quoi votre vie est-elle bonne et satisfaisante ?

_____

_____

_____

- En quoi votre vie peut-elle s'améliorer (signe que vous avez de l'espoir) ?

_____

_____

_____

En écrivant, donnez des détails excitants et rendez vos phrases vivantes. Cela nourrira les émotions positives et contribuera à entretenir votre bonheur !

3. Devenez un catalyseur de bonheur.

Au sens figuré, un catalyseur est une personne qui, par sa seule présence, provoque une réaction. Pourquoi ne pas provoquer des réactions positives tout autour de vous ? En vous concentrant sur les aspects positifs de votre vie, vous rayonnerez au point où les autres se sentiront bien à votre seul contact. Une expérience à essayer !

4. Devenez votre meilleur ami.

Parfois, certains souvenirs éprouvants et des pensées tordues font de nous une personne de bien mauvaise compagnie, particulièrement pour nous-mêmes ! Nous nous condamnons, nous affirmons nos défauts, nous laissons nos peurs choisir à notre place. Au lieu de vous concentrer sur vos faiblesses, vous pouvez reconnaître davantage vos forces et vos qualités. Cette attitude vous aidera à faire la paix avec vous-même.

5. Cessez de broyer du noir.

Il est reconnu que nos pensées influencent énormément notre humeur et notre degré de bien-être. Les pensées et les émotions négatives attirent des émotions négatives, les pensées et les émotions positives attirent des émotions positives. Ainsi, devant chaque situation, il vous est toujours possible de choisir les dimensions les plus positives. La vie ne tourne pas si mal après tout !

6. N'entretenez pas aujourd'hui vos souffrances d'hier.

L'anxiété et les pensées négatives ne vous soulagent pas de vos tristesses de demain : elles vous retirent vos forces et vos plaisirs d'aujourd'hui. Le fait de vivre en restant orienté sur votre passé vous empêche d'avancer, car si votre passé n'est pas garant de votre présent, votre présent, lui, est garant de votre avenir ! Vous pouvez vous exercer à accepter vos rancunes, vos expériences difficiles, vos conflits, vos deuils. Ce faisant, vous transformez l'aigreur en satisfaction ! La capacité d'accepter vous soulagera des chaînes que vous vous êtes peut-être vous-même attachées aux pieds.

7. Soyez empathique.

De grandes opportunités d'aider les autres surviennent parfois, mais de petites opportunités nous entourent chaque jour, disait l'auteure Sally Koch. L'empathie nous aide à nous mettre à la place des autres. Elle est l'ennemie naturelle de l'égocentrisme, une maladie qui ronge la société. Au lieu, donc, de n'affirmer que votre point de vue et de défendre d'abord vos intérêts, mettez-vous à la place des autres. Comprendre que votre amie a des soucis dont elle ne vous a pas fait part vous permettra peut-être d'éviter un douloureux conflit. Sans vous nier, pensez à ce que vivent les autres. Vous contribuerez à faire de notre monde un endroit plus agréable !

Des pistes pour approfondir le sujet

- Dalaï-lama, *L'art du bonheur – Sagesse et sérénité au quotidien*, J'ai lu, 2000, 284 p.

- Mihaly Csikszentmihalyi, *Vivre – La psychologie du bonheur*, Pocket, 2006, 377 p. (préface de David Servan-Schreiber).

- Portail Internet consacré au bonheur (www.artdubonheur.com).

Un mot pour terminer

*V*oilà, c'est fait ! Je vous félicite ! Vous venez de traverser les réflexions et les stratégies d'amélioration relatives à trente bonnes questions en faveur de votre bonheur. Si vous avez trouvé l'expérience éprouvante, c'est bon signe. Cela signifie que vous avez entamé une démarche des plus importantes pour améliorer votre vie et que vous avez modifié des habitudes qui vous faisaient souffrir. Poursuivez vos améliorations sans attendre !

Au contraire, si vous avez trouvé les suggestions de ce livre faciles à réaliser, c'est que votre cheminement personnel est déjà avancé. Le contenu aura pu vous apporter quelques idées ou de nouvelles stratégies pour continuer à avancer. Je ne m'inquiète donc pas au sujet de votre cheminement !

Peu importe les résultats que vous avez obtenus, quelque chose de fantastique s'est produit : vous avez décidé de consacrer suffisamment d'importance à vous-même pour vous améliorer. Il vous reste maintenant à trouver les manières de continuer à appliquer chaque jour les idées et les stratégies apprises dans ce livre pour accomplir les actions concrètes qui vous rendront heureux.

Il n'y a rien de magique dans la possibilité concrète d'améliorer sa vie et son degré de bien-être. Tout est question de conviction, de stratégies à appliquer, de motivation, d'action et de persévérance. Cependant, il faut d'abord rester conscient que vous avez un réel contrôle sur ce que vous obtenez de votre existence, pour peu que vous soyez assez curieux pour le découvrir !

Je vous remercie infiniment d'avoir choisi cette occasion d'augmenter votre degré de bien-être à travers mon livre. Si vous avez apprécié les réflexions et les pistes qu'il vous a apportées, n'hésitez pas à le faire connaître aux personnes que vous aimez le plus !

Voici quelques ultimes suggestions pour continuer de révolutionner votre vie :

1. N'oubliez jamais que les véritables relations naissent du don de vous-même aux autres et non des besoins que les autres vous permettent de combler.

2. Respectez la règle des trois R : Respectez-vous ; Respectez les autres ; prenez la Responsabilité de tout ce que vous faites.

3. Partagez votre savoir et acceptez celui des autres. C'est une manière fantastique de vous enrichir !

4. Pensez à la chance que vous avez lorsque vous n'obtenez pas ce que vous désirez : il s'agit d'une merveilleuse occasion d'obtenir encore davantage, si vous prenez le temps de regarder au bon endroit et d'apprendre.

5. Mesurez vos succès non pas à partir de vos résultats, mais à l'aune du plaisir que vous avez eu à les obtenir.

6. Soyez créatif : prenez bien conscience des différentes règles qui vous régissent pour mieux apprendre à les transgresser.

7. Lorsque vous avez des différends avec les personnes que vous aimez, concentrez-vous sur la richesse de vos relations et sur les solutions au lieu de ne penser qu'aux problèmes.

8. N'oubliez pas que les grandes réussites demandent parfois de prendre de grands risques.

9. Lorsque vous échouez, n'échouez pas à apprendre ce que vous pouvez de la situation.

10. Prenez quelques minutes chaque jour pour faire votre bilan et vous assurer que votre vie et vos actions prennent la bonne direction.

11. Soignez vos relations : elles constituent le fondement de votre vie.

12. Surtout, vivez votre vie selon des principes honorables, comme l'honnêteté, le bien et l'altruisme. Ainsi, lorsque vous regarderez en arrière en vieillissant, vous profiterez de votre vie une seconde fois.

À bientôt !

Nicolas

Remerciements et sources

La rédaction de ce livre a été pour moi une expérience extraordinairement « grandissante », et plusieurs personnes m'ont aidé sur ce chemin. De nombreux universitaires, auteurs et spécialistes très compétents dans leur domaine m'ont gracieusement offert leur aide, dans la gentillesse et la bonne humeur. Ces personnes généreuses, qui m'ont prêté leur précieux soutien pour vous aider à améliorer les différentes facettes de votre vie, méritent une attention toute spéciale et j'aimerais ici les remercier (en ordre d'apparition dans le livre) :

- Alex Pattakos, Ph. D., conférencier et auteur
  www.prisonersofourthoughts.com

- Pierre Morency, conférencier
  www.pierremorency.com

- Stéphanie Milot, conférencière, auteure et psychothérapeute
  www.stephaniemilot.com

- Jacques Forest, Ph. D., psychologue organisationnel, conseiller en ressources humaines agréé (CRHA) et professeur au Département d'organisation et de ressources humaines de l'UQAM.

- Luc Brunet, Ph. D.
  Responsable du programme « Psychologie du travail et des organisations », Département de psychologie, Université de Montréal

- Stéphane Cordier, *coach* de vie et conférencier
  www.coach-dp.com

- L'Association canadienne pour la santé mentale
  www.acsm.ca

- Guy Finley, auteur
  www.guyfinley.com

- Line Bolduc, conférencière, auteure et rigolothérapeute
  www.linebolduc.com

- Michel Fize, sociologue au CNRS (France) et auteur

- Marc Pistorio, psychologue et médiateur
  www.pistoriopsy.com

- Richard Aubé, conférencier et auteur
  www.richardaube.ca

- Dany Dumont, conférencier, consultant et formateur en amélioration stratégique

- Mélissa Lemieux, *coach* de vie, conférencière et auteure
  www.monprojetmavie.com

- René-Louis Comtois, formateur et conférencier
  www.formationsqualitemps.ca

- Dolly Demitro
  Centre de ressourcement Attitude
  www.centreattitude.com

En plus des experts consultés pour enrichir ce livre, des personnes de grande valeur m'ont aidé à leur façon à en faire un succès. Je remercie tout d'abord du fond du cœur mes parents pour leur respect et leur soutien incessants de mes choix de vie. Grâce à eux, je sais aujourd'hui me concentrer sur ce qui est le plus important pour me réaliser. Je ne saurais passer sous silence l'immense contribution de ma merveilleuse conjointe, Michelle Riendeau. Grâce à elle, je sais que l'amour existe vraiment. Ma relation avec elle contribue chaque jour à me rendre meilleur (et plus heureux !).

J'aimerais remercier chaleureusement Myriam Lessard qui a été la rédactrice en chef du magazine *Mieux-Être* jusqu'en 2010 et Sylvain Bolduc qui en a été l'éditeur. La qualité de ce livre tient beaucoup à la clarté de leur vision et à l'excellence de leur soutien, car ses pages ont tiré profit de ma participation régulière à ce magazine. J'ai apprécié leurs excellentes idées, leur ouverture, et il est toujours agréable de travailler avec eux !

J'adresse un merci tout spécial aux amis et aux collègues que l'espace limité de ces pages ne me permet pas de nommer, mais qui, j'en suis sûr, se reconnaissent. Vous enrichissez le quotidien de surprises et de découvertes et vous m'apprenez tant sur la vie. Enfin, que serait un auteur sans vous, cher lecteur ? Pas grand-chose, je vous l'assure ! Je vous remercie donc, vous qui partagez ma passion pour la vie ! En vous intéressant à votre épanouissement, c'est le monde entier que vous contribuez à améliorer !

À propos de l'auteur

Après avoir terminé sa maîtrise en études françaises (spécialisation sciences cognitives) et interrompu un doctorat en psycholinguistique à l'Université de Montréal, Nicolas Sarrasin s'est spécialisé en psychologie. Ses champs d'intérêt portent particulièrement sur les processus de motivation, la maîtrise des émotions négatives, la gestion des conflits, les saines relations et la communication, l'ouverture au changement et la capacité d'obtenir plus de meilleurs résultats.

Passionné d'écriture et de réflexion, Nicolas a publié neuf livres à ce jour. Au début des années 2000, il a vu paraître deux essais, dont l'un à Paris portant sur le développement de la médecine. Il s'est ensuite consacré à la vulgarisation de ses recherches en psychologie, ce qui lui a permis de publier plusieurs livres aux Éditions de l'Homme et chez Quebecor, parmi lesquels le *Petit traité antidéprime : 4 saisons dans le bonheur*, en 2005, *Qui suis-je ? Redécouvrir son identité*, en 2006, et *La croissance illimitée*, en 2008. Nicolas a aussi créé le portail « L'art du bonheur » qui permet de joindre la dimension positive du mieux-être et de la psychologie à l'efficacité d'Internet (www.artdu bonheur.com).

Nicolas est aujourd'hui président de la compagnie Anima conférences et formations (www.anima-conferences-formations.com) qui offre un large éventail de sujets de conférences, de formations et du *coaching* aux organisations publiques et privées. Il a rédigé de nombreux articles de psychologie et d'affaires dans différents magazines, comme *Mieux-Être, Vivre, Forum Qualité, Direction informatique, Documentation et bibliothèques,* ainsi que des articles savants[10]. Nicolas a animé une chronique au FM 103,3 (Longueuil) sur différents sujets de psychologie et a été l'invité de plusieurs émissions diffusées sur les ondes de TQS, du Canal D, de Vox, de la radio de Radio-Canada et de plusieurs autres stations. À travers son travail et ses livres, il désire par-dessus tout aider les gens à améliorer leur vie !

Donnez-moi de vos nouvelles

J'aimerais beaucoup avoir de vos nouvelles ! Vos interrogations, vos commentaires, vos requêtes, vos critiques constructives, tout est bienvenu. Voici les informations pour me joindre et je vous invite à le faire de la manière qui est la plus pratique pour vous :

Courriel : info@anima-conferences-formations.com
Numéro de téléphone (Montréal) : 514 815-6773
Numéro de téléphone (sans frais, de l'extérieur de Montréal) :
1 800 495-1315
Site officiel de mon entreprise : www.anima-conferences-formations.com

Sur le site de ma compagnie de conférences et de formations, vous trouverez plus d'informations sur les sujets de nombreuses prestations, leurs caractéristiques, vous trouverez des extraits de conférences et plusieurs autres informations intéressantes, notamment si vous prévoyez organiser un événement.

Mon blogue : www.antecrastination.com
Le portail « L'art du bonheur » : www.artdubonheur.com

Véritable portail du mieux-être, « L'art du bonheur » contient une foule de ressources gratuites : des articles, un bulletin de nouvelles auquel vous pouvez vous abonner, un annuaire à partir duquel les professionnels du bonheur promeuvent leur travail, un recueil de citations, des livres en ligne gratuits, des petites annonces, un forum et plusieurs autres ressources. Plus de 45 000 personnes le visitent chaque mois !

Comment puis-je vous aider à atteindre de nouveaux sommets ?

Mes collaborateurs et moi-même travaillons chaque année auprès de personnes, de membres d'organisations (gouvernements, OSBL et écoles, par exemple) à travers les dimensions présentées ci-dessous. Si l'une ou l'autre de ces dimensions (ou la combinaison de plusieurs) vous intéresse, joignez-moi pour que nous discutions de tous les détails qui permettront de répondre à vos besoins.

Conférences, formations et ateliers

Ma compagnie Anima offre depuis plusieurs années des prestations qui sont très aimées des organisations et des participants ! Les conférences durent de trois quarts d'heure à deux heures et demie et sont adaptées à différents types d'événements, de la conférence midi au congrès. Les formations durent une demi-journée à deux jours et peuvent s'effectuer dans vos locaux ou dans une salle extérieure (par exemple, hôtel), à votre discrétion. Les présentations favorisent la participation à travers les questions, les exercices, les mises en situation, l'humour, etc. Elles aident les participants à trouver des solutions à leurs problèmes et des applications concrètes pour améliorer leur travail et leur vie.

Les sujets portent sur la motivation, la gestion des conflits, le *leadership*, la gestion du changement, du stress, du temps, l'intelligence émotionnelle, les relations constructives, le mieux-être au travail, l'estime de soi et plusieurs autres sujets (près de cent !). Consultez le site d'Anima pour obtenir tous les détails (www.anima-conferences-formations.com).

Coaching, consultation et formation pour petits groupes dans les organisations

Vous avez besoin de formation pour un petit groupe de personnes ? Il est beaucoup plus efficace d'effectuer une formation qui implique seulement les employés concernés plutôt que de les envoyer suivre une formation publique qui ne résoudra pas précisément leurs problèmes et ne répondra pas à leurs questions. Des consultations sont également offertes pour vous aider à régler des problématiques précises. Un suivi par *coaching* individuel après une formation, par exemple, constitue aussi un excellent moyen d'améliorer la mémorisation du contenu et de s'assurer qu'il soit appliqué de la meilleure manière possible. Joignez-moi pour connaître les avantages de cette perspective.

Mes autres livres sont un complément à celui-ci pour vous aider à progresser sur différents plans :

– *La croissance illimitée* – *Multipliez vos résultats et vivez la vie dont vous rêvez !*, **Montréal, Éditions Quebecor, 2008, 211 p.**

Sentez-vous que vous avez le contrôle de votre vie ? Obtenez-vous vraiment les résultats que vous espérez ? Aimeriez-vous enrichir votre carrière ou améliorer vos relations avec les autres ? Voulez-vous augmenter votre revenu ou être en meilleure santé ? En d'autres mots, croyez-vous qu'il est temps de vivre la vie dont vous rêvez ? Ce livre libérera votre plein potentiel. Il vous aidera à opérer une véritable révolution intérieure pour réaliser vos rêves, surtout les plus grands ! Voici ce que vous obtiendrez si vous appliquez son contenu :

• Vous comprendrez les raisons qui freinent votre succès.
• Vous développerez une vision qui soutiendra votre réussite.
• Vous canaliserez vos efforts dans la bonne direction.
• Vous découvrirez comment décupler la quantité et la qualité de vos résultats.

- Votre niveau de satisfaction augmentera tandis que votre stress diminuera.
- Vous vous accomplirez pleinement, car vous pourrez enfin vous consacrer à des activités satisfaisantes.
- Vous êtes né pour être heureux, et ce livre vous apprendra comment reprendre le pouvoir de votre vie !

– Qui suis-je ? Redécouvrir son identité, **Montréal, Éditions de l'Homme, 2006, 282 p.**

Notre identité constitue le fondement de nos actions, de nos décisions et de la perception que nous avons de nous-mêmes au quotidien. Par conséquent, pour vivre en harmonie avec nous-mêmes et avec les autres, nous avons absolument besoin de jouir d'une identité forte, sans conflits ni déséquilibres. Est-il possible d'en arriver à être fiers de ce que nous sommes et de nous évaluer avec une plus grande justesse ? De reconnaître plus spontanément nos qualités, nos capacités et nos réalisations ? D'être motivés dans tout ce que nous entreprenons ? De nous attribuer toute la valeur que nous méritons ? De gagner la confiance personnelle et l'autonomie nécessaires pour être complètement nous-mêmes ? Oui, et ce livre nous en fait la preuve !

– Petit traité antidéprime : 4 saisons dans le bonheur, **Éditions de l'Homme, 2005, 364 p.**

Certains événements de l'existence, petits ou grands, font notre malheur tout simplement parce que nous les interprétons selon des processus mentaux limités. Le fait est que nous mettons beaucoup d'efforts pour corriger notre posture physique, mais que nous négligeons notre posture mentale. Or, trop souvent, nos raisonnements tordus minent notre bien-être et nos relations avec les autres. Comment fonctionnent ces processus mentaux ? Pouvons-nous les changer ? Quel est leur rapport avec notre façon d'appréhender la réalité ? Y a-t-il moyen de raisonner avec plus de justesse et d'entretenir des relations plus fructueuses avec les autres ? En examinant ces questions, nous verrons qu'il est possible de faire naître et perdurer le bonheur en nous-mêmes.

Notes

1   *Journal of Leisurability*, vol. 23, n° 4, 1996.

2   *Neuron*, vol. 40, 2003, p. 1041-1048.

3   *The Seven Day Mental Diet* du Dr Emmet Fox.

4   R. H. Hoyle, M. H. Kernis, M. R. Leary et M. W. Baldwin (1999), *Selfhood: Identity, Esteem, Regulation*, Boulder, Westview Press, 193 p.

5   M. W. Martin (1985), *Self-Deception and Self-Understanding: New Essays in Philosophy and Psychology*, Lawrence, University Press of Kansas, 316 p.

6   Voir, par exemple, O. Huber, C. Beutter, J. Montoya et O. W. Huber, "Risk-defusing behavior: Towards an understanding of risky decision making", *European Journal of Cognitive Psychology*, vol. 13, n° 3, 2001, p. 409-426 et Schwarz, N., "Emotion, cognition and decision making", *Cognition and Emotion*, vol. 14, n° 4, 2000, p. 433-440.

7   R. A. Emmons et M. E. McCullough (2003), "Counting blessings versus burdens: An experimental investigation of gratitude and subjective well-being in daily life", *Journal of Personality and Social Psychology*, 84, p. 377-389.

8   P. C. Watkins, K. Woodward, T. Stone et R. L. Kolts (2003), "Gratitude and happiness: Development of a measure of gratitude, and relationships with subjective well-being", *Social Behavior and Personality*, 31, p. 431-452.

9   J. Tsang (2006), "Gratitude and prosocial behavior: An experimental test of gratitude", *Cognition and Emotion*.

10   Dans des revues de différentes universités (UQAM, universités d'Ottawa, d'Alberta).